U0738926

本书为浙江省哲学社会科学规划项目（2022JDKTZD43）研究成果，受浙江树人学院专著出版基金、浙江省现代服务业研究中心出版基金资助。

老年人旅游体验、代际互动与幸福感

汪群龙◎著

浙江大学出版社
ZHEJIANG UNIVERSITY PRESS
·杭州·

图书在版编目(CIP)数据

老年人旅游体验、代际互动与幸福感 / 汪群龙著
. —杭州：浙江大学出版社，2023.6
　ISBN 978-7-308-23886-1

　Ⅰ．①老… Ⅱ．①汪… Ⅲ．①老年人－旅游心理学－
研究－中国　Ⅳ．①F592

中国国家版本馆 CIP 数据核字(2023)第 099354 号

老年人旅游体验、代际互动与幸福感

汪群龙　著

策划编辑	吴伟伟	
责任编辑	蔡圆圆	
责任校对	许艺涛	
封面设计	雷建军	
出版发行	浙江大学出版社	
	（杭州市天目山路 148 号　邮政编码 310007)	
	（网址：http://www.zjupress.com)	
排　　版	浙江时代出版服务有限公司	
印　　刷	浙江新华数码印务有限公司	
开　　本	710mm×1000mm　1/16	
印　　张	13.5	
字　　数	207 千	
版 印 次	2023 年 6 月第 1 版　2023 年 6 月第 1 次印刷	
书　　号	ISBN 978-7-308-23886-1	
定　　价	68.00 元	

版权所有　侵权必究　印装差错　负责调换

浙江大学出版社市场运营中心联系方式　（0571)88925591；http://zjdxcbs.tmall.com

前　言

随着老年人口数量的快速增长,老年人旅游已成为现代社会普遍的消费现象。深刻理解老年人旅游体验及其幸福感,不仅是未来旅游发展的现实要求,也是实现积极老龄化的重要途径。本书围绕以下问题展开:新时代老年旅游者对旅游体验有什么样的感知特征?他们的旅行经历会影响其幸福感吗?旅游体验引发了怎样的代际互动?旅游代际互动如何进一步影响其幸福感?孝道在这种关系中扮演着怎样的角色?

针对这些问题,本书采用混合研究方法,探究老年人旅游体验、旅游代际互动和旅游幸福感三者之间的关系,以及孝道的作用机制。首先,基于中国本土化旅游情境,通过质性研究构建了新时代老年旅游者的旅游体验理论框架,对施密特(Schmitt)顾客体验理论进行了修正,形成了中国特色的老年人旅游体验结构维度。其次,从社会学和心理学的交叉视角引入了整合幸福感理论,并将此应用于对旅游者幸福感的探讨,通过质性研究构建了包括主观幸福感、心理幸福感和社会幸福感3个层面的老年人旅游幸福感结构维度和测量指标。最后,从代际互动和孝道视角,将旅游体验、旅游代际互动和旅游幸福感三者结合,构建了"旅游体验—旅游代际互动—幸福感"的关系模型,厘清了老年人旅游体验的5个不同维度通过代际互动和孝道行为影响旅游幸福感的逻辑关系,通过实证数据验证了旅游代际互动在旅游体验和旅游幸福感中的中介作用,以及孝道行为对旅游代际互动的调节作用,进一步拓展了旅游体验与旅游幸福感的理论关系,为研究中国老年人旅游行为的价值意义提供了新的理论视角。

本书的学术贡献主要有3个方面:一是基于本土化旅游情境,构建了新时代中国老年旅游者的旅游体验结构维度,相比以往在体验双因素理论和顾客体验模型框架下对境外老年人旅游案例的分析研究,能更准确反映出中国老年旅游者的旅游体验特征。二是从整合幸福感理论视角,构建了包括主观、心理、社会3个维度的老年人旅游幸福感评价体系,较之以往侧重主观幸福感单一维度的评价指标,能更全面具体、深层次地反映出旅游活动对老年旅游者的价值意义,是对旅游幸福感研究的深化与发展,对研究老年旅游市场和老年旅游者具有指导意义。三是从代际互动和孝道视角剖析老年人旅游体验与幸福感的内在逻辑关系,基于相关理论,构建"旅游体验—旅游代际互动—幸福感"的关系模型,从理论和实证两个层面论证了三者之间的作用机制和影响机理,具有一定的创新意义。

本书被列入浙江树人学院学术专著系列,受浙江树人学院专著出版基金、浙江省现代服务业研究中心出版基金资助。

目 录

第 1 章
绪　论

1.1　研究背景

1.1.1　积极老龄化与老年人旅游消费的兴起

人口老龄化是全球共同关注的突出问题。根据联合国 1956 年出版的《人口老龄化及其社会经济影响》一书中确定的划分标准，一个国家或地区 60 岁及以上老年人口占人口总数的 10％，或 65 岁及以上老年人口占人口总数的 7％，即意味着这个国家或地区进入老龄化（姚引妹，2010）。国家统计局数据显示，1999 年我国 60 岁及以上的人口占到总人口的 10％，到 2018 年底，这个占比已经提高到 17.9％。65 岁及以上的人口在 2000 年的时候，占总人口的7％，2018 年底已经到了 11.4％。显然，我国早已进入老龄化社会且老年人口呈持续增长态势，联合国预测中国老年人口数量在 2025 年将达到 2.8 亿人，占总人口的比重将达到 20％。老年人口数量的快速增长和老龄化进程的加快是当前中国社会结构变化的显著特征，对社会、经济、文化、生活等方面面产生了影响。

为应对人口老龄化带来的机遇与挑战，世界各国都在积极努力寻求解决方案。1991 年，《联合国老年人原则》要求各国政府创造环境和条件，确保"老年人享有独立、参与、照顾、自我实现和尊严等方面的基本权利"。2002 年，《马德里老龄问题国际行动计划》把老龄化问题纳入全球议程，提出了"优先老年人和发展、促进老年人健康和福祉、建立有力的支柱性环境"等积极老龄化建议。2013 年，我国新修订的《中华人民共和国老年人权益保障法》正式实施，将"积极应对人口老龄化"上升为国家战略任务。2017 年，党的十九大明确提出，要"积极应对人口老龄化，构建养老、孝老、敬老政策体系和社会环境"。2022 年，党的二十大再次明确提出"实施积极应对人口老龄化国家战略"。积极老龄化是应对人口老龄化的重要举措，其核心要义在于创造较好的环境保障老年人参与社会、经济、文化活动的能力，确保其身心健康、社会参与、自我实现和人格尊严等权利的实现,消除"衰退""退化""丧失"等消极的老年现象,可简单概括为"参与、健康、保障"3个方面。

旅游作为现代社会普遍存在的消费现象,对旅游者而言,具有提高社会福祉、促进社会参与和个人发展的功能价值。老年人参与旅游活动的过程是积极老龄化的显性表现,可以提升老年人的健康水平(Gustafson,2002)、积极情绪、人际关系(Nimrod & Rotem,2010)、生活质量(Warnes & Williams,2006)与幸福感(Kim,Wooe & Uysal,2015)。当前,旅游活动已成为老年群体日常生活的一部分。全国老龄委调查显示,2015年我国老年人旅游人数占全国旅游人数的比重超过20%。2018年中国社会科学院旅游研究中心发布的数据显示,在中国2亿多的老年人中,有出游意愿的老年人占87%,每年出游2-3次的老年人占比达49.1%,出游4次以上的占12.5%,未来五年内老年人旅游市场规模将超过7000亿元。如此巨大的老年旅游市场给旅游业发展带来不可估量的价值。深刻理解与把握老年人旅游特征及其价值意义,不仅是旅游产业未来发展的切实需要,也是更好地实现积极老龄化的重要途径。

1.1.2 老年旅游者幸福感研究的理论与现实价值凸显

老年旅游者是一个特殊的旅游消费群体,其消费行为不仅是一个复杂的行为集合,更是其表达生理、心理和社会需求的重要形式,在决策过程、消费动机、消费选择、消费心理及体验评价等方面具有鲜明的特征。在老龄化社会中,如何让老年人的生活更有价值意义、更具幸福感是需要重视和关心的问题(姚延波、侯平平,2019)。幸福感,从心理学和社会学的意义上来说,是个体通过一定的活动与行为获得主观上的积极情绪和生活满意、心理层面上的自我潜能实现以及社会整体层面上的价值意义(Diener,1984;Keyes,1998;Waterman,1993)。旅游者幸福感,是旅游者在旅游消费活动的不同阶段生发的由主观幸福感、心理幸福感和社会幸福感等三个层面构成的积极感知。其中,旅游者主观幸福感是在旅游活动过程中因体验生发的积极情感、积极情绪和生活满意度(Chen & Petrick,2013);旅游者心理幸福感强调旅游者在旅游过程中自我潜能的实现,包括个人人格成长(Arnould & Price,1993)、自我认同、人际关系(Wilson & Harris,2006)等;旅游者社会幸福感则指旅游者个人在社会环境中的存在状态、与他人的关系质量、自身行为价值意义的评估等（Keyes，1998）。旅游者幸福感的生成过程主要由旅游前热切期待、旅游中福乐体验和旅游后温馨回忆 3 个阶段组成（张天问、吴明远，2014）。旅游者在旅游活动中形成对旅游服务、产品及整个旅游过程的自我感知和体验，不同的体验感知结果将获得诸如情感幸福、精神层面幸福感、社会文化幸福感等不同的幸福感（Puczkó & Smith，2012）。

目前，对于旅游者幸福感的研究过于笼统，没有区分不同旅游者的旅游体验特征，不能体现出不同类型旅游者的特殊性，对特定群体的旅游体验与幸福感的关系研究还较为缺乏。同时，旅游者幸福感的评价大多从主观幸福感视角探讨积极情绪和生活满意度，不能全面反映旅游消费活动带来的更深层次的价值和意义，缺乏从更多维度上对旅游者幸福感的探讨。整合幸福感视角，即将主观幸福感、心理幸福感和社会幸福感 3 个方面进行融合分析，为旅游者幸福感研究提供了借鉴，不仅能全面系统地反映旅游体验对幸福感的影响，也是对旅游幸福感评价体系的深化与创新。

老年旅游产业的高质量发展需要关注老年旅游者的幸福感水平，这是关系到旅游业能否持续性得到消费者认可的重要内容。因此，基于整合幸福感视角对这一特定群体开展研究，不仅是对旅游者幸福感理论发展的有益补充，而且对旅游业发展具有较强的实践指导意义。

1.1.3 旅游体验及旅游代际互动是需要关注的问题

旅游市场的发展受到突发事件的影响，全球暴发的新冠疫情使旅游业遭受了前所未有的打击。许多学者提出后疫情时期发展旅游业需要丰富旅游体验元素、改善旅游体验环境，以提高旅游者的幸福感（潘雅芳、王玲，2020；杨敬松，2020）。旅游体验是旅游者基于旅游动机，在旅游世界中通过具体的旅游活动感知而获得的不同体验感受。旅游体验将影响旅游者对旅游活动和过程的评价（Ryan，1997）。

近年来，有研究认为积极的感官及功能体验、认知体验和情感体验能激发旅游者强烈的认同感，进而提升其参与积极性（Mitchell & Mitchell，2001），旅游者在旅游过程中的体验越丰富，其互动和参与度就越高（Chen &

Chen，2010）。也有研究将旅游中的人际互动作为旅游体验的重要组成部分（屈小爽，2018）。以往研究大都从旅游者自身、目的地资源、旅游服务质量、旅游辅助工具等方面来探讨旅游体验的影响因素。实际上，旅游消费过程中必然会发生各种类型的互动行为。旅游者正是通过游客间的互助互享、与目的地居民的交流探讨、与服务提供者的咨询解答等不同形式的互动行为，产生不同层次的心理状态和旅游体验感知。

旅游过程中的人际交往互动逐渐受到学者的关注，但目前的研究较多关注旅游者与目的地居民、服务提供者以及旅游者之间的互动交往，对旅游中的家庭代际互动行为的研究还较为缺乏。受中国传统文化影响，亲子间的互动行为往往比较频繁与密切（中国代际关系研究课题组，1999）。家庭代际互动行为主要表现为代际冲突和代际支持两种形式。代际冲突主要是亲子两代在生长环境、社会经验、社会与家庭角色和社会心理等方面存在较大差异，导致双方在文化取向、生活方式以及价值观与思维方式等方面存在分歧与冲突（成伟、陈婷婷，2009）。例如，老年旅游者对旅游活动的安排、旅游消费项目的选择和购买以及对旅游过程的评价都出于自身的需求，但成年子女与其在思想、看法、观点上不一致，结果追求、价值取向不匹配，从而引发分歧、竞争甚至对抗。代际支持主要是亲子双方的相互支持，包括物质交换、经济交换或情感和符号的无形交换（王跃生，2008）。例如，老年旅游者在旅游活动中获得成年子女对其的经济支持（Allen & Bretman，1981）、情感支持（Middleton，1988）以及远程帮助、事项告知等工具支持。同时，也包括老年旅游者通过将自己的旅游经历、情感经历与子女共享以及为子女购买礼物等物质分享的互动行为。代际冲突往往形成紧张和消极的关系质量（Clack et al.，1999），例如消极的情绪、自我需求实现的失败、生活上的失意等。代际支持是社会支持的一种形式，社会支持对人的健康水平、生活满意度有积极促进作用（杨化龙、鞠晓峰，2017），通过代际支持获得积极的情感、家庭环境的控制、生活目标的实现。

不同的旅游体验会激发旅游者在旅行中的人际交往互动，同时不同形式的旅游代际互动对旅游体验感知造成不同的影响。儒家文化中的孝道观念则以非正式的规则和社会秩序，影响代际冲突与代际支持发生的可能性与强度。因此,旅游代际互动行为值得进一步关注与研究。目前,关于旅游体验引发了何种形式的代际互动,以及旅游代际互动对旅游体验及幸福感的影响等研究都较为缺乏,对旅游体验、旅游代际互动和幸福感三者之间的关系和影响机理也没有进行系统的分析。

1.2　研究目标与研究意义

1.2.1　研究目标

本书以老年旅游者为对象,从旅游代际互动的视角剖析老年人旅游体验与幸福感之间的关系和影响机理,进而为老年旅游业发展提出管理实践启示与建议。研究目标具体分解如下。

(1)基于旅游消费行为理论、旅游体验理论与整合幸福感理论,构建老年人旅游体验研究框架和幸福感评价体系,开发具有良好信度和效度的测量量表,为后续详细探讨老年人旅游体验及其幸福感感知特征奠定基础。

(2)基于代际互动理论,关注老年人不同旅游体验引发的家庭代际互动行为,开发旅游代际互动行为量表和孝道测量量表,系统全面地研究旅游代际互动与幸福感的关系以及孝道的作用机制,为进一步深入研究做好铺垫。

(3)探讨老年人旅游体验、旅游代际互动与幸福感的内在逻辑关系和影响机理,构建关系模型并予以验证,为今后类似研究提供理论借鉴。

(4)根据研究结论,提出管理实践启示与建议,为老年旅游产品设计、市场开发与营销等产业发展实践提供相关策略。

1.2.2　研究意义

(1)理论意义

第一,探析老年人旅游体验的结构维度,丰富本土化老年人旅游体验理论研究。以往对旅游体验的研究大都基于体验双因素理论和顾客体验模型框架的探讨，主要是对境外案例的分析，实际上不同的研究情境中会有不同的分类维度和内容。缺少基于中国本土化情景对老年人旅游体验特征的深入研究，难免对中国老年群体旅游体验的复杂性与特殊性认识不足。因此，本书通过深度访谈，探析中国老年旅游消费群体的行为特征，构建老年人旅游体验的结构维度，以丰富本土化老年人旅游体验的理论体系。

第二，深化旅游者幸福感研究，丰富旅游者幸福感评价方法。目前关于旅游者幸福感的评价大都从游客的积极情绪、生活满意度上判断，但反映的仅仅是游客的主观幸福感，而不能反映出游客从旅游消费活动中体验到的自我潜能实现，以及对于社会和他人的价值意义等心理幸福感和社会幸福感的内容，旅游者幸福感评价指标相对比较单一，还需要进一步完善。虽然已有研究开始关注旅游者在旅游过程中获得的个人人格成长、自我认同或接受、独立自主、良好的人际关系等心理幸福感体验，但没有区分不同类型旅游者的特殊性。另外，对社会幸福感的探讨还只局限在旅游企业主层面，并非旅游者。因此，本书基于整体幸福感视角，通过深度访谈等质性研究方法，深入了解老年旅游者这一特定旅游消费群体的幸福感内容，构建老年旅游者幸福感的结构维度体系和评价指标，以进一步丰富旅游者幸福感理论研究成果。

第三，从旅游代际互动视角剖析老年人旅游体验、代际互动与幸福感的关系，拓展三者关系的理论与实证研究。老年人旅游体验如何影响幸福感？旅游体验引发了何种类型的代际互动行为？不同的旅游代际互动使旅游者产生不同层次的心理状态和旅游体验感知，进而影响幸福感。大量研究证实，人与人的互动作用对旅游者的积极情感起到较大作用，并带来较高的满意度和幸福感。老年人旅游消费中的家庭代际互动，一方面是成年子女为满足老年旅游者的各种需求提供了经济、情感和工具支持，同时老年旅游者也与成年子女进行情感分享、物质分享的双向互动；另一方面是思维方式、生活方式和价值取向等方面的差异，引发了分歧、竞争和对抗等冲突互动。老年旅游者在旅游过程中的体验与感知，会影响其与成年子女的互动交流，同时针对老年旅游者的体验质量，成年子女也会给予互动回应。不同形式的旅游代际互动对旅游体验感知造成不同的影响，儒家文化中的孝道观念则对代际冲突与代际支持有一定的调适作用。因此，旅游代际互动将旅游体验与幸福感有机地结合,通过构建并验证"旅游体验—旅游代际互动—幸福感"的关系模型,进一步拓展了三者关系的理论和实证研究。

(2)现实意义

第一,通过对老年人旅游消费行为与旅游体验特征的调查、描述和分析,以全面认识中国本土化情境下老年旅游者的消费决策、消费过程、消费体验特点,为制定面向老年旅游者的旅游消费政策,更好地践行积极老龄化国家战略任务提供依据。

第二,通过对老年旅游者整体幸福感的研究,从多维度视角理解老年人旅游消费行为的价值意义,为旅游企业有针对性地设计老年旅游产品和旅游项目,进一步拓展银发旅游市场提供实践指导。

第三,通过对老年人旅游消费中的家庭代际互动分析,可以更深入地了解这一特定群体开展旅游活动时的旅游代际互动类型及内容。分析影响老年旅游者幸福感的关键性互动行为,有助于启发旅游行业关注老年旅游者与成年子女间的互动,营造良好的旅游代际互动环境,为提高老年旅游营销的精准性提供借鉴和启示。

1.3　研究内容与研究思路

1.3.1　研究内容

本书的研究内容主要分为 6 章。

第 1 章 绪论。重点阐述老年人旅游消费的兴起、旅游者幸福感研究的价值以及对旅游体验和旅游代际互动的关注等研究背景,提出研究目标,指出研究的理论意义和现实意义,清晰界定研究内容并厘清研究的具体思路。

第 2 章 文献综述与理论基础。首先对本书的核心概念进行界定,明晰研究对象。然后对老年人旅游体验、旅游代际互动、幸福感等相关研究进展进行梳理与述评,明晰本书所涉及的理论沿革、核心概念及关系链条,在此基础上提出关系假设、构建假设模型,为后文研究提供分析框架。

第 3 章 老年人旅游体验、旅游代际互动与幸福感的质性研究。通过收集定性数据,分析老年人旅游体验、旅游代际互动和幸福感的特征,归纳总结结构维度体系,并对前文构建的关系假设和模型分析框架进行合理性分析,为后文构建测量指标、进行量表设计与实证分析奠定基础。

第 4 章 实证研究与模型检验。首先在已有文献及质性研究的基础上,设置变量、设计量表与调查问卷,并对预调查问卷数据进行信效度检验与净化测量项目,形成正式问卷。然后,开展问卷调研、再次收集与整理数据,进行描述性统计分析、信效度评估,并对构建的模型所提出的关系假设进行定量检验,对假设检验结果进行汇总。

第 5 章 结果讨论与启示。对研究结果进行分析和讨论,在此基础上,指出研究的理论贡献,并提出老年旅游业发展的实践启示和建议。

第 6 章 研究结论与展望。清晰阐述本书的主要研究结论,指出研究的创新点,明确研究存在的不足,并对未来研究提出展望。

1.3.2　研究思路

本书研究按照"问题提出—关系假设与模型—定性分析—定量检验—结果讨论与启示—结论与展望"的逻辑思路展开。首先,对老年人旅游体验、旅游代际互动、幸福感等研究进展与相关理论进行了梳理与述评;其次,基于前人文献与理论工具,提出关系假设,构建"旅游体验—旅游代际互动—幸福感"的假设模型;再次,通过深度访谈等质性研究方法,归纳总结各变量的结构维度体系,并对前文构建的关系假设和模型分析框架进行合理性分析;又次,构建测量指标、开发量表,对构建的模型所提出的关系假设进行定量检验;最后,总结研究结论并提出相关启示与建议。本书研究的技术路线如图 1.1 所示。

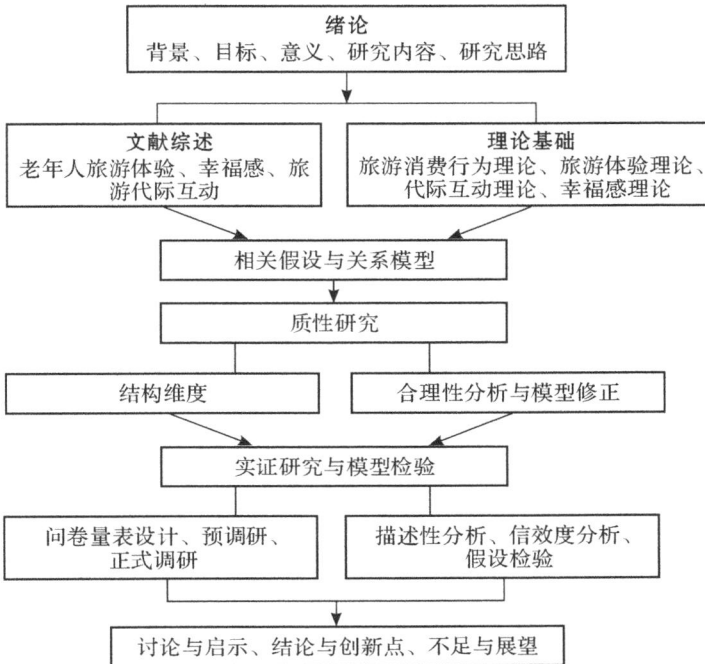

图 1.1 技术路线

第 2 章
文献综述与理论基础

本章通过对现有文献与相关理论的梳理,达到 3 个目的:一是对相关概念进行界定,厘清研究对象的边界;二是系统归纳已有研究的进展,梳理本书研究所依据的理论和工具支持,明晰本书所涉及的理论沿革、核心概念及关系链条,在此基础上提出关系假设;三是初步构建本书的假设模型,为后文研究提供分析框架。

2.1 基本概念界定

2.1.1 老年人旅游

关于老年人旅游（senior tourism）的定义，至今学界没有统一的界定标准，需要从"老年人"的称呼和年龄两个方面进行理解。国外的旅游研究文献对老年人的称呼常以"the aged""the old""the mature""senior""elder"表示，国内的旅游文献中对老年人的称呼则有"长者""老人""银发族""退休族"等。从年龄的界定来看，1956年联合国曾将65岁作为老年人的划分标准，由于发展中国家人口年龄结构比较年轻，在对发展中国家人口进行研究时常将60岁作为老年人的起始年龄。1982年第一次老龄问题世界大会统一将60岁及以上的人口作为老年人口，随后多数报告和分析都用60岁作为老年人的起始年龄，但也有一些报告依然将65岁作为老年人的划分界线（游允中，2008）。例如，联合国世界卫生组织从技术统计标准的角度，将发达国家65岁及以上的群体称作老年人，发展中国家的统计口径则是60岁及以上。联合国人口司的文件中将60岁作为老年人口的统计指标。总的来说，在联合国的文献中老年人的定义有两个，即60岁及以上或65岁及以上（Sie, Patterson, & Pegg, 2016）。

在旅游研究领域，有研究指出由于老年人在退休前和退休后两个阶段的可自由支配时间的不同，其在旅游行为中表现出明显的差异（Wang, Wu, & Luo, 2014）。因此，不能简单地将统计标准或指标作为界定老年人旅游市场的依据，应根据具体的研究目标或国家退休政策进行合理定义（吴俊，2018）。例如，有学者根据旅游消费意愿和出游能力，在老年人旅游行为及决策的研究中，将55岁及以上老年人市场视作研究对象（Huang & Tsai, 2003）。还有研究根据老年群体的认知、生理、心理及消费特征进行界定，如曹芙蓉（2008）通过对群体的社会职能、社会认知、体质体能及生活状态的综合分析，将60岁以上的居民称为"银发族"。从我国的退休政策来看，主要依据的是

《国务院关于工人退休、退职的暂行办法》(国发〔1978〕104 号)文件,将男性 60 周岁、女性 55 周岁作为退休的起始年龄。但在现行的政府工作报告中,为考虑数据分析的唯一性,大都将 60 岁及以上的人群界定为老年人。

本书综合国际统计惯例、学术视野以及我国国情三个视角,对接国内多数政策报告和统计分析标准,将 60 岁及以上的群体定义为老年人。结合世界旅游组织和联合国统计委员会对"旅游"概念的界定,本书将老年人旅游定义为:60 岁及以上的老年人为了休闲、商务和其他目的,离开他们惯常的环境,到某地去以及在那些地方停留不超过一年的活动。

2.1.2 旅游消费行为

旅游者作为消费主体在旅游过程中表现出来的行为特征,不能等同于旅游消费(tourism consumption),因此厘清"旅游消费行为"的概念首先应对"旅游消费"的概念进行界定,通过概念间的比较以明确两者存在的差异。

关于旅游消费更多的是从经济学角度进行的研究。博迪奥在 1899 年发表的《外国人在意大利的移动及其花费的金钱》以及尼塞福罗在 1923 年发表的《外国人在意大利的移动》的文章中,从游客数量、停留时间以及消费能力等方面探讨了旅游消费的经济含义。更为明确的定义是将旅游消费确认为一种"使用"或"购买"。如王大悟、魏小安 (1998) 提出,旅游消费就是旅游者使用旅游商品和服务的过程;谢彦君 (1999) 指出,旅游消费就是以购买可借以进入景区(点)进行观赏和娱乐的票证的方式消耗个人积蓄的过程,或是参观景点、游娱等满足出游动机和目的的花费(张凌云,1999)。也有研究将旅游消费的概念进一步扩大,认为旅游消费是人们在旅游游览过程中为了满足自身发展和享受的需要而进行的各种物质产品和劳务的消费的综合,是一种包括产品和服务的综合性消费(林南枝、陶汉军,1995)。

相比旅游消费强调货币与商品或服务的交易,旅游消费行为的概念更加宽泛,不仅包括物质性、功能性的"消费"环节,也包含了体现心理、文化、态度和动机等内隐环节。Engel (1993) 指出消费行为就是一个决策过程,表现在消费者寻找、购买、使用、评价和处理可以满足其需求的产品和服务过程中(Schiffman & Kanuk, 1991)。Woodside (2002) 在《旅游消费理论体系通论:

基于概念性框架与经验分析》一文中,将旅游消费行为定义为旅游前期、中期、后期,由消费者自由决定的旅游意向、决策和行为的集合,包括旅游者的背景、形成旅游意向前的行为以及与旅游相关的决策行为等方面。相关研究更加明确地指出,旅游消费行为是包括旅游个体一系列关于旅游产品的信息收集、购买决策、消费、评估、处理的行为表现(谷明,2000)。具体来讲,可以划分为空间维度、时间维度、文化维度、经济购买过程、心理体验过程等方面(石艳,2002)。余凤龙(2015)在农村居民旅游消费行为研究中,从旅游行为模式(旅游前信息咨询与出游方式)、旅游消费水平(旅游过程中消费特征)和旅游行为意向(旅游消费后的评估)三个方面,将旅游消费行为概括为消费前决策、消费中购买和消费后评价的动态过程。

通过以上概念的辨析,可见旅游消费行为不是简单的购买和使用行为,而是包含"问题认知—信息收集与评估—购买决策—购买后评价"等一系列活动,是一个包括旅游决策、旅游消费和旅游体验评价的行为集合。

2.1.3　旅游体验

关于旅游体验(tourism experience)的研究起源于 1964 年布斯汀提出的概念,他将旅游体验视作一种流行的消费行为。目前,对于旅游体验的概念还没有形成统一的意见,国内外学者主要是从旅游体验的发生过程、内容和构成、功能以及与日常生活的差异比较等角度进行阐释的。

有学者认为,旅游体验是旅游者通过与外界环境不断的互动所形成的结果。如 Wearing 和 Wearing(1996)指出,旅游体验是个体与旅游空间不断互动的过程,不同的旅游活动和环境下的体验效果是有差异的。谢彦君(1999)也提出,旅游体验是旅游个体通过与外部环境的暂时性联系改变旅游者的心理水平并调整心理结构的过程。谢彦君、彭丹(2005)进一步从现象学视角对旅游体验进行了系统研究,认为旅游体验在本质上就是旅游者对符号的解读。从内容和构成视角上看,不同的学者有不同的分类标准,如 MacCannell(1976)在《旅游者:休闲阶层新论》一书中,着重分析了旅游体验的现代性和文化性。Ryan(1997)则将旅游体验视作一种多功能的休闲活动,包括娱乐和学习。Cohen(1988)提出,不同的人需要不同的旅游体验,对于旅游者而言其意义自然也不同,并将旅游体验划分为消遣、转移、实验、经验及存在等5个由外感向内感递进的阶段。邹统钎、吴丽云(2003)则将旅游体验分为娱乐、教育、逃避、美感与移情等5种不同类型的内容。还有研究将旅游体验分为享受自然、摆脱紧张、学习、价值共享和创造等内容(谢彦君、彭丹,2005)。何金璐、艾少伟(2021)则将游客的旅游体验划分为文化情感体验、活动体验、环境体验与空间体验等4种体验感知。从旅游体验的功能来看,有学者认为旅游体验包括身体活动和心智活动,并且这些活动对旅游者的知觉、意识、想象、推理、思考等都产生了影响(Milman,1998)。如董雪旺、成升魁(2015)认为,旅游体验是游客经过旅游活动后在见识、知识储备、视野及审美情趣等方面的积累和提升的结果。高夏丽(2020)对老年旅游的研究中,认为旅游体验对老年旅游者具有构建自我、重塑自我形象和重建自我认同的功能。从与日常生活的差异比较来看,旅游体验更多地体现在对“本真性”的探讨。如MacCannell(1973)提出,旅游体验是对现代生活烦恼的积极反应,是现代人克服这些问题而追求的“真实性”经历。换言之,旅游体验强调抽离日常生活琐事,希望从旅游活动中获得真实的体验。相比日常生活,旅游体验则是在旅游活动中形成的由个人感知、目的地印象、所处的环境、沟通能力等因素构成的复杂综合体(Garce & Vaske,1987)。从根本上讲,旅游体验是经过一个物理的时间和空间变换之后,为旅游者带来心理上的变化(谢彦君、谢中田,2006),是游客追求的独特的心理满足感。李怀、程华敏(2014)认为,旅游体验发生在旅游世界中,是旅游者的心理过程和物理过程、时间和空间现象、个体行为和社会行为的综合。更进一步讲,旅游体验是一个社会人在旅游情境下的人生经历,是对旅游者的身体实践、心理感受等的深刻描绘(樊友猛、谢彦君,2017)。

可见,旅游体验来自旅游消费过程,而旅游消费活动从根本上讲就是获得旅游体验。旅游体验是旅游消费行为的内核(谢彦君,2005),是旅游者评价和经历与旅游消费活动相关的事件,这些事件包括出游前的规划准备、旅游途中的相关活动以及行程结束后的回忆分享(Tung & Brent,2011)。因此,本书着重关注的是旅游者在整个旅游活动中与外部世界的互动与相互联系所获得的体验感知。

2.1.4　幸福感

对幸福的探索,起源于古希腊哲学家们对"什么是幸福"的理论思辨。伊壁鸠鲁言道,幸福是生活的开始和目的,终极目标就是得到快乐(郑希付,2008)。亚里士多德则说,人类一切活动的最终目的就是幸福(邓庆安,2010)。幸福是人们追求的目标,如何获得幸福一直是社会与个体生存的根本动机。基于这些命题,在古希腊时期形成了两个学派,即以伊壁鸠鲁为代表的"快乐主义幸福论",认为人活着的目的就是追求快乐(苗元江,2009),快乐是一种在真实的生活中通过自由选择和自主追求获得的情感(邓庆安,2010);以亚里士多德为代表的"实现主义幸福论",认为幸福在于人自我潜能的实现(苗元江,2009),通过实现自我人生价值,过上幸福的生活而不是是否感到快乐。

20 世纪 60 年代开始,学者们从心理学(Wilson,1967)、社会学与心理学(Keyes,1998)的交叉视角对幸福感(well-being)进行了研究。首先是由快乐主义幸福论发展而来的主观幸福感(subjective well-being)。早期的学者认为主观幸福感是人们长期的积极情感或精神状态,是个体主观认为的快乐(Bradburn & Noll,1969)。后来研究者发现,仅用个体的情感来描述主观幸福感未免过于狭隘,忽视了对人们整体生活的关注(Omer,2009),应将个人的认知和对生活的满意度引入主观幸福感测量范畴(Glatzer,Camfield,& Moller,2015)。学界普遍认同的是 Diener(1984)、Diener 等(1999)对主观幸福感的定义,认为主观幸福感是人们根据自己的标准对生活质量的整体性评估,是对生活满意度和各个方面的全面评价,并由此产生的积极情感和消极情感,包括生活满意度、积极情绪和消极情绪三个方面。其次是由实现主义幸福论发展而来的心理幸福感(psychological well-being),强调人们与真实自我的协调一致和自我潜能的实现状态,包括自主需要、认可需要和关系需要等关键因素(Waterman,1993)。相比只关注短暂愉悦情绪和生活满意度的主观幸福感,心理幸福感将幸福感的内涵向更高层次发展(倪旭东、王勤勤,2018)。此外,学者们开始关注处于社会环境中个体机能的实现,对于他人或社会产生的意义和价值。Keyes(1998)提出了社会幸福感(social well-being)的概念,指个体对自己与他人、集体、社会之间的关系质量,以及对其生活环境和社会功能的自我评估。

有学者进一步指出,主观幸福感把快乐定义为幸福,心理幸福感将幸福感理解为人的自我潜能实现,社会幸福感则关注个体在社会领域中的关系质量和良好存在,不同的幸福感应该走向整合(苗元江,2007)。严标宾、郑雪(2008)也提出幸福感研究应整合主观幸福感、心理幸福感和社会幸福感及其他还未深入的幸福感等方方面面。在旅游者幸福感研究领域,妥艳媜(2015)主张将主观幸福感和心理幸福感进行融合研究,王小欢(2016)将情感幸福感、认知幸福感和社会幸福感作为描述旅游者幸福感的内涵,廖翼曼(2018)则将主观幸福感、心理幸福感和社会幸福感进行融合后研究了旅游小企业主幸福感水平。综上,本书将幸福感三大视角进行融合,深入探讨老年人在旅游消费过程中形成的旅游体验可能对其主观幸福感、心理幸福感和社会幸福感三个方面产生的影响。

2.1.5 旅游代际互动

关于旅游代际互动的研究主要集中在家庭旅游、亲子旅游领域,一般是从社会学视角考察亲代和子代在旅游过程中发生的社会交往、社会交换行为以及相互之间的联系。因此,要对其概念进行阐述首先应对代际关系和代际互动的概念进行界定。

代际关系(intergenerational relationship)的研究起源于德国社会学家曼海姆在1928年出版的《代际问题》一书,该书从社会学视角研究了代际问题。1948年美国人类学家杰弗里·戈若在《美国人:一项国民性的研究》中进一步对代沟现象进行了研究,阐述了由于环境的变化,美国父辈的权威性受到了更能适应新生活的子辈的挑战。玛格丽特·米德(Margaret Mead)于20世纪70年代首次提出代际关系的概念,她在《文化与承诺:一项有关代沟文化的研究》一书中指出,"代"是"具有大致相同年龄和类似社会特征的人群",具有"自然和社会两重性",二战前与二战后两代人在观念和行为上存在巨大的鸿沟,并肯定了年轻一代在社会运行中的作用。米德对"代"的概念解释,成为我国代际关系研究的起源。21世纪初,学界对代际关系的概念基本从"家庭"和"社会"两个层次进行阐释。邓伟志、徐榕(2001)指出,代际关系普遍发生在家庭中,例如家庭中的亲代与子代、祖代与孙代之间的关系,同时也常常指发生在社会领域中的年老一代、中青年一代、年轻人一代之间的交叉关系。王树新(2004)着重对家庭代际关系的内涵进行了研究,认为家庭代际关系往往是指亲代与子代之间通过情感交往、话语沟通、家庭传统道德责任义务意识与执行以及社会性资源的流动、共享等在成员间进行交叉联系,而表现出的不同情境的关系状态。有学者认为,家庭代际关系是社会代际关系的微观领域,社会领域中体现的代际关系问题会以各种不同方式在家庭代际关系中反映,社会代际关系所具有的本质属性与内涵也会在家庭代际关系中进行体现(田崇玉,2009)。蔡娟(2015)通过文献梳理,进一步对代际关系的概念进行了界定,她认为代际关系是指上下相邻两代人之间的联系,包括微观和宏观两个层次,其中微观层次的代际关系是指家庭内成员之间的关系,宏观层次的则是指社会上不同代之间的交往关系。总的来说,代际关系是一种重要的社会关系,包括家庭与社会两个层面(吴帆,2013)。家庭中的亲子关系则是代际关系的起点与纽带,也是代际关系的实质基础。任何形式的代际关系以及家庭人际关系都是在此基础上衍生与扩展的。

代际互动(intergenerational interaction)是家庭代际关系的重要内容(郝静,2017)。王跃生(2008)指出,不同代之间将发生互助、互惠、互补的交换关系,实际上就是不同代之间的互动过程。代际互动常表现为居住关系、代际支持和情感联系等方面(杨菊华、李路路,2009)。也有学者将亲子之间的生活协助照料、经济来往作为代际互动的重要形式(宋健、黄菲,2011)。

对旅游代际互动的研究,现有的文献较多地探讨了子代和亲代在家庭旅游中的"全过程"互动行为。符国群、张成虎、胡家镜(2019)通过构建"子代—亲代"家庭旅游过程模型,分析了亲子两代在旅游准备、过程体验以及再游意愿三个方面发生的互动。该研究发现,旅游代际互动表现为旅游代际冲突和旅游代际支持两种形式,其中旅游代际冲突的显性表达通过抱怨、争吵、发火、言语伤害、不配合等方式显现,隐性表达则通过生闷气、情绪低落、暗示不情愿等方式呈现,并认为发生旅游代际冲突行为的主要原因在于亲子双方的需求和偏好不一致、观念不一致、行为方式不一致等,孝道则可能作为文化观念或文化资源对如何处理和应对冲突产生影响;旅游代际支持主要是子女基于孝道的报答动机支持亲代出游或陪同出游,以及亲代对子女这种孝道给予的积极回应。

综合以上观点,本书所指的旅游代际互动是处于微观层次的家庭亲子关系中,着重关注老年父母与成年子女在旅游活动中发生的经济、情感及事务等方面的冲突或支持互动(见图2.1)。

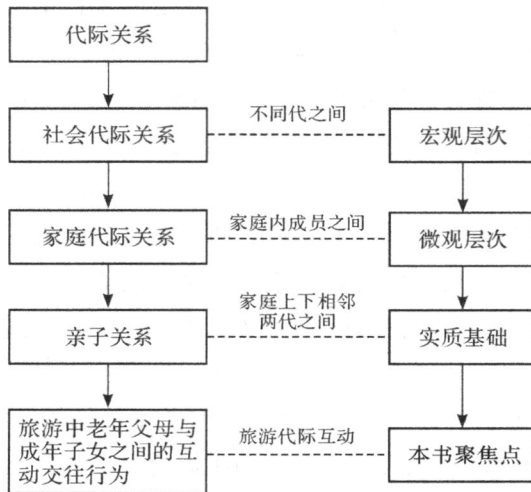

图2.1 代际关系层次划分与旅游代际互动

2.2 老年人旅游体验相关研究

2.2.1 老年人旅游研究进展

(1)老年人旅游市场研究

老年人旅游市场研究起始于20世纪80年代。Francis,McGuire,Uysal和McDonald(1988)等从旅游企业视角研究了如何吸引美国老年旅游者的措施。也有学者基于老年人特殊的生理、心理特点,从消费心理学(Backman,Backman,& Silverberg,1999)、人工神经网络模型(Kim,Wei,& Ruys,

2003)等视角,研究了如何区分不同的老年人旅游市场。大量研究发现,老年人旅游市场有其自身的独特性,主要表现在与其他年龄细分市场的差异性特征。例如老年人与年轻人相比,具有更强烈的出游意愿、更充足的出游时间以及更强的旅游支付能力(金波,1998;裴泽生,1995)。老年旅游市场较非老年旅游市场而言,老年旅游者在旅行距离上更长(Recee,2004)。总的来说,老年旅游市场中的旅游消费群体在出游动机、闲暇时间、可支配收入及旅游行为等方面与其他群体存在较大差异(陈钢华,2007)。李琳、钟志平(2011)指出,我国老年旅游人数已占旅游总人数的 20% 以上,其中 90% 以上的老年人退休以后均有出游意向,老年旅游市场规模和潜力巨大,已成为旅游市场新的增长点。

老年人旅游在旅游细分市场中表现较为活跃,对社会运行、经济发展以及个体成长和获得感方面具有重要的价值。从社会价值看,老年人以各种方式参与研学旅游、观光休闲旅游、文化生态旅游、疗养养生旅游等多种多样的旅游消费活动,不仅刺激旅游市场根据社会群体特点逐渐完善旅游产品谱系与基础设施,同时也进一步促进了老年教育、文化、社会保障、医疗保健等制度体制的建设,形成了较好的社会效应,在社会整体层面提升了老年人幸福感。2014 年,国家专门出台《关于促进旅游业改革发展的若干意见》,明确提出要大力发展老年旅游,开发多层次多样化的老年人休闲养生度假产品,加强老年旅游服务设施建设等具体措施,以促进老年旅游业的高质量发展。从经济价值看,大量的研究表明,老年人旅游对目的地的经济发展具有积极的作用。Longino 和 Crown(1990)认为,老年旅游消费能够带来直接和间接经济效益。Bennett(1993)进一步指出,除了改善经济发展,老年旅游对目的地的产业结构调整、消费水平、服务业态转型等方面起到较大的作用。发展老年旅游业不仅对当地的经济发展、市场消费、工资水平产生积极效应,也对目的地及周边地区的发展起到了推动作用,表现在税收增加、经济多元化发展以及消费驱动等方面。从个体价值及获得感来看,旅游对老年人的健康水平、积极情绪、社交活动、人际关系、生活质量、生活满意度及其幸福感等方面都产生影响。Gustafson(2002)通过对老年人养老旅游的研究,发现旅游活动不仅能提升老年人健康水平,同时对其生活习惯、价值观的养成以及社交网络的拓展方面都产生了积极作用。Nimrod（2008）的研究进一步证实，老年人旅游休闲活动使老年人的活动范围、活动方式等交往领域进一步扩大。Morgan，Pritchard 和 Sedgley（2015）则证实了旅游活动对老年人的主观幸福感、社会参与水平的积极影响。总体而言，老年人通过旅游活动离开自己居住的惯常环境，不同的地理空间、文化空间、交往空间使其在身体和精神上获得不同的感知价值。

老年人旅游市场的发展受多种因素影响。从旅游主体因素来看，老年旅游者的时间、收入、身体状况、旅游意愿被视作影响老年旅游市场发展的主要因素（金波，1998；裴泽生，1995）。从外部因素来看，老年人社会福利保障体系的完善将使老年旅游者具有更为积极的消费倾向（Faranda ＆ Schmidt，1999；胡平，2007），而旅游产品开发的延缓以及旅游医疗保障服务和保险制度不健全是阻碍老年旅游市场发展的瓶颈（李琳、钟志平，2011）。除此之外，老年人旅游市场还受到突发危机事件的影响。如受新冠疫情影响，2020 年在有旅游计划的人群中，超过 25％的人取消了原行程（杨敬松，2020）。根据中国旅游研究院测算，疫情影响下 2020 年国内旅游人次和旅游收入分别负增长15.5％和 20.6％，全年减少收入约 1.18 万亿元。由于老年人群是新冠疫情防控的重点对象，老年人旅游市场受到的影响就更大。

基于老年人旅游市场的这种特殊性，对旅游管理部门和旅游企业在制度保障、产品开发和设计上提出了更高的要求。尤其对后疫情时期旅游市场的发展，学者提出应注重对老年康养旅游市场的开发，通过信息化手段改善旅游体验，提高游客的满足感、幸福感（潘雅芳、王玲，2020），设计更具体验感和参与性的旅游产品，进一步丰富旅游体验元素，改善旅游体验环境、提升旅游体验服务（杨敬松，2020）。

（2）老年人旅游行为研究

在早期的老年人旅游行为研究中，主要探讨的是老年人旅游动机。"推—拉"理论、"旅游动机理论"等被用来解释老年人出游动机及其旅游决策影响因素。"推—拉"理论（push-pull factors）主要从内在和外在两个方面阐述游客外出旅游的动机与吸引力（Dann，1977），其中内在动因用来解释旅游者外出旅游的愿望，外在吸引力主要用于分析旅游者对旅游目的地的选择

(Goossens，2000)。You 和 Oleary（1999)在对英国老年游客旅游动机的研究中，运用"推—拉"理论将游客分为被动型、热情型和文化型三类。也有学者通过该理论对中国台湾地区老年人的出游动机进行了研究，发现推力是老年人想获取新知，拉力是旅游目的地环境干净与安全(Jang & Wu，2006)。包亚芳（2009)在"推—拉"理论视角下，通过因子分析法发现了"求知与好奇""健康与自我提升""社交与文化"3 个推动因子和"安全与卫生""设施、习俗与交通""服务与花费""活动与历史文化景点"4 个拉动因子。

随着老年旅游消费市场的快速发展，老年人旅游消费行为逐渐受到关注。学者们利用"消费者无差异理论""市场细分理论""需求理论""体验经济视角"来探讨老年人旅游消费行为及其产品开发。刘睿、李星明（2009)借助经济学中的消费者无差异曲线理论，对老年群体的出游倾向以及对旅游产品的质量和品牌偏好行为进行了研究，发现对物质条件满意而追求更高层次精神生活的老年人群体具有更强的出游倾向；而热衷于炫耀性消费的群体，更加偏好知名度高、具备品牌效应的旅游产品和目的地。谢爱民（2009)依据市场细分理论，根据老年群体的需要、动机和购买行为的差异性将老年人旅游市场作为独特领域进行分析，提出了具体的开发策略。有研究直接从需求理论视角，提出开发老年人旅游市场应注重老年人的购买力、购买欲望、闲暇时间以及身体状况等因素。还有研究将旅游作为一种体验型的商品，提出体验型老年旅游产品开发的新思路(姜玲玲，2008)。

在近期的研究中，越来越多的学者开始关注老年群体特殊的心理和生理特征。黎筱筱、马晓龙（2006)从感知、情感和情绪、意志和兴趣等方面分析了老年旅游者的心理特征，认为安全性、体验性和参与性是老年群体旅游消费偏好的主要特点，并构建了基于群体心理特征的老年旅游产品谱系。有学者以"生理因素、健康需求、怀旧心理"为模型本底，以"社会因素、补偿心理和炫耀心理"为模型变量，提出了基于老年群体心理特征的 8 种基本类型(刘睿、李星明，2009)。有研究指出，自我实现及心灵的自我成长是老年旅游的主要推力因素(Ulvoas & Taylor，2014)，运用解释性的民族志路径研究积极情绪对老年人旅游的积极作用（吴茂英，Philip，& Pearce，2014)。Carstensen（1995)运用社会情绪选择理论来对游客的情感进行研究，Mroczek 和 Kolarz

（1998）的研究证实了老年人比年轻人抱有更好的积极情感。

从以往研究的发展脉络来看，许多研究逐渐关注老年旅游者的心理状况、情绪变化以及体验感知等内容。在此基础上，有研究探讨了旅游消费体验与幸福感之间的关系，如 Morgan 等（2015）提出，旅游给老年人提供了一个逃离、缓解、怀旧的场所，这种积极的旅游体验能够增加他们的社会参与水平以及自我认同，从而提升老年人幸福水平。

需要指出的是，还有研究开始关注老年人旅游消费行为的代际特征。自Levinson（1978）提出的生命历程研究框架被用于分析老年旅游动机与行为后，有学者提出老年人旅游行为受生命历程影响，既具有个体多样性，又存在显著的性别和代际特征（Gibson & Yiannakins，2002）。Gardiner 等（2013）进一步证实了老年人在其成长的过程中受其个人经历和社会变化影响，而改变其信念、态度和行为方式，表现在各群体的旅游决策行为存在"代沟"现象。此类研究着重探讨的是老年人旅游行为的代际差异，但对老年人旅游体验与家庭代际互动的关系问题还缺乏深入研究。实际上，基于传统儒家文化影响下的家庭代际关系情境，中国老年人与成年子女之间的代际互动对老年人的行为及其体验评价发挥了重要作用。中国家庭的代际关系遵循的是"反馈模式"，其文化基础来源于儒家文化中的孝道观念，这与西方的"接力模式"有显著的差异（费孝通，1983）。有研究指出，基于中国传统文化的情境特征，中国家庭的代际互动不是权利与义务的体现，而是"出乎情感之自然流露"（潘光旦，2000）。人们通常所认知的"父慈子孝"观念，不仅是亲子双方在亲情关系上的表现，更是体现在"哺育"和"反哺"的双向代际支持上（洪彩华，2007）。

因此，开展老年人旅游研究，一方面，要关注老年旅游者在旅游消费过程中获得的旅游体验，以及这种体验对其幸福感水平的影响，以进一步理解老年人开展旅游活动的内在驱动力；另一方面，需要关注其所在家庭的代际场域特征，从旅游代际互动的视角研究旅游体验引发了何种形式的代际互动行为，进而对幸福感产生何种影响，探索老年人旅游体验、代际互动与幸福感三者之间的关系与作用机制。

（3）老年人旅游行为研究的方法

关于老年人旅游行为研究的方法比较多样。在资料和数据收集上，大都采用电话调查、问卷调查、网络调查或深度访谈,在数据分析方法上既有定性的描述性解释和逻辑推演,也有模型构造和数理统计。

在定性研究方面,主要采用扎根理论、内容分析法和传记式研究分析法。例如,Hsu 等（2007)通过扎根理论研究方法,对老年人进行深度访谈后提出了中国老年人的旅游动机模型;张运来、李跃东（2009)通过内容分析法对中国老年人的旅游动机进行了分类;Kazeminia 等（2015)利用旅游网站的叙述文本内容,对老年旅游者的出行障碍进行了探讨。有研究指出,基于老年人的旅游行为在可以预测的前提下开展的研究,这种方法会导致研究的一般化和模式化,往往会忽视老年旅游者本身的情感、特质和故事,鼓励采用传记式分析方法(Sedgley, Pritchard, & Morgan, 2011; 杨海英, 2014)。Huber 等（2017)利用传记式分析法,研究了老年人旅游行为与其旅游经历、社会环境及生活事件之间的关系。

在定量研究方面,大样本调查是主要采用的方式。如 Lehto 等(2008)对美国老年人旅游动机的分析,Boksberger 和 Laesser（2009)对瑞士老年人旅游动机的分析,Musa 和 Sim（2010)对马来西亚老年人旅游行为的分析以及 Tiago 等(2016)对欧洲老年人旅游偏好的分析,都进行了超过 1000 份样本的问卷调查。在具体的分析方法上,Fleischer 和 Pizam（2002)采用 OLS 模型对以色列老年人旅游动机和行为进行了研究;Jang 和 Wu（2006)也采用 OLS 回归模型分析了"年龄""性别""身体状况""经济条件""情感因素"与老年人出游动机之间的关系;Huang 和 Tsai（2003)通过非参数数理统计法(Ridit 分析法)对中国台湾地区老年人旅游行为进行了研究;还有通过因子和聚类分析法对老年人旅游的动机进行研究(包亚芳, 2009);Kim 等(2003)则利用人工神经网络模型对西澳大利亚老年人旅游消费市场进行了细分。

总体而言,目前老年人旅游行为研究的方法,要么是定性描述或解释,要么是基于假设前提下的数据分析与验证。有学者认为目前对老年人旅游研究过多地采用了定量方法(Nimrod, 2008)。姚延波、侯平平（2019)通过对近 10 年国外老年旅游研究的综述后发现,混合式研究方法是比较少的。混合研究方法是综合采用定性与定量数据对某一社会现象或行为开展分析与推断的科学方法。本书从旅游代际互动的视角剖析老年人的旅游体验、代际互动与幸福感之间的关系和影响机理问题,是基于中国传统文化情境和家庭代际场域特征的本土化思考,国外的案例模型未必适用中国特征,尤其是中国家庭代际互动的"反馈模式"与西方国家的"接力模式"有着截然不同的差异。因此,运用混合研究方法,可以帮助我们更深入地探讨和分析中国老年旅游者的体验感知、互动特征以及幸福感追求。本书将采用混合研究方法,通过质性研究获取定性数据,对关系假设和模型进行合理性分析,通过定量研究开展数理论证、检验模型,以获得新的理论发现。

2.2.2 老年人旅游消费行为研究

旅游行为一般分为旅游前、旅游中和旅游后 3 个阶段(Chen & Tsai,2007)。老年人旅游消费行为就是一个贯穿在游前、游中、游后 3 个阶段的行为集合,包括旅游决策、旅游消费和旅游体验评价的整体过程(见图 2.2),涉及认知与动机、信息收集与决策、消费购买、体验评价等一系列活动。

$$旅游决策 \longrightarrow 旅游消费 \longrightarrow 旅游体验评价$$

图 2.2 旅游消费行为集合

(1)老年人旅游决策过程

旅游决策是旅游消费行为的起始阶段。决策是指决策者在众多可能性中做出自己的选择,一般包括如何采取行动方式、行动方式的评价以及行动是否执行等决定。消费决策则是对一系列产品、服务及品牌的评估,并常以成本与效益的最大化原则进行选择并决定是否采取行动的过程(Hawkins,Best, & Coney,2014)。旅游决策是旅游者从旅游需求产生到旅游实施过程中所做出的一系列决策(Gibert & Cooper,1991),主要涉及旅游者得到信息到做出购买决定的整个过程。从旅游决策的过程来看,Moutinho (1987)将其看作是从旅游者得到旅游信息到做出购买决定的一系列事件,包括偏好、决定和购买 3 个阶段。Zalatan(2004)则将旅游决策过程划分为最初准备活动、行前经济活动、行前准备活动和目的地行为 4 个阶段。邱扶东、汪静(2005)则将旅游决策过程依次划分为旅游动机或需求、旅游信息收集、旅游目的地与线路确定、旅游预算设计、出游方式选择、决定是否外出、旅游实施等 7 个阶段。Moore 和 Clive（2012）进一步提出，旅游决策过程包括旅游前和旅游过程中一系列复杂的决策内容，例如目的地决策、住宿决策、景点决策、旅游形式决策、是否出游决策、交通工具决策、旅游活动决策等。

总的来说，旅游决策是一个连续不间断的过程，大多数研究将"购买决定"作为旅游决策过程的终点。有研究认为，现有旅游决策理论都将旅游者看作是同质群体即所有的旅游者都是遵循同样的决策流程（郭亚军，2010）。实际上，旅游者、旅游活动类型以及决策情景的不同都有可能导致决策过程的差异（周彦莉，2014）。

老年人作为一个特殊的旅游者群体，其旅游决策过程势必也有其自身的特征。陶权（2014）从理性选择理论视角提出老年人旅游决策是一个理性选择的过程，在具体的决策情境中，一般经历生存理性选择（生存原则）、经济理性选择（最优原则）和社会理性选择（满意原则）等过程。例如，老年人在做出是否出行决策时首要考虑身体健康状况，然后结合自身具备的资源收集分析旅游信息，在旅游目的地、景点、交通、住宿等方面进行经济合理的选择。吴俊（2018）从心理学视角，在具身认知理论框架下提出，老年人旅游决策过程高度依赖老年人对个体及情境的认知、对旅游的认知以及对旅游决策的认知三者之间的嵌入性耦合关系；并认为，老年人旅游前的决策过程可以分为认知阶段、情感（涉入）阶段以及决策行为阶段。

从旅游决策的影响因素来看，Schmoll（1977）在其构建的旅游决策模型中提出影响旅游者决策的因素来自旅游刺激物、旅游目的地特点、旅游者个人因素以及外界变量等 4 个方面。该模型极大地影响了学者们进行老年人旅游决策行为研究时对影响因子的分析。例如，Blazey（1987）在研究中发现个人时间、健康状况及旅游价格是影响老年人旅游决策的主要因素。Romsa 和 Blenman（1989）在对德国老年旅游者的研究中发现，老年人的年龄与出游意愿、出游次数呈负相关关系。Fleischer 和 Pizam（2002）在对以色列老年人的调查中发现，经济收入、旅游经历、环境适应能力等是影响老年人出游决策的重要变量。此外，老年人受教育程度、性别、旅游同伴等因素也影响出游决策（Ryan，1995）。邱扶东、汪静（2005）通过实证研究提出，旅游决策不仅受旅游服务、群体支持、社会支持、个人心理、社会经济等因素的影响,同时还受决策者的年龄、性别、职业、教育程度、家庭人均月收入水平、年平均出游率等人口统计学特征的影响。

从旅游决策的限制性因素来看,Crawford 和 Goodbey (1987)提出了个人内在阻碍、结构性阻碍和人际阻碍 3 个休闲阻碍因素的分类。内在阻碍是指个体的忧虑、焦虑、压力等情绪和心理状态以及态度、自我能力对休闲活动的喜好和参与度的影响。结构性阻碍指个体的金钱、时间、资源等外在因素对休闲活动的喜好和参与度的影响。人际阻碍则是指个体的人际关系,如旅游同伴的限制对休闲活动的喜好和参与度的影响。这个分类也被应用于旅游活动领域,并与旅游决策的限制性因素联系起来,可以用来解释限制老年旅游者出游的影响因素(Hung, Bai, & Lu, 2016)。例如,Nimrod (2008)对美国老年旅游者的研究,发现收入减少、健康状况等结构阻碍因素,看护其他人的压力等内在阻碍因素以及缺少旅游同伴等人际阻碍因素,制约老年旅游者出游。Chen 和 Shoemakes (2014)的研究也发现,怕麻烦、担心没有时间、缺少金钱、健康状况限制等内在阻碍和结构阻碍因素影响老年人出行。Kazeminia 等(2015)通过研究进一步说明了老年人出游障碍因素包括内在限制、结构限制和人际关系限制。Hung 等 (2019)采用动机机会能力(MOA)模型,将旅游限制作为其中的一个重要变量,分析了自我一致性、旅游限制以及自我效能感对旅游决策的影响。

近年来的研究越来越关注社会情境因素对旅游决策过程的影响,实际上这将旅游决策的人际关系限制因素进一步扩大,从单纯地考虑"旅游同伴"的人际交往延伸到家庭代际场域。例如,刘力 (2016)在研究中证实了,除了时间、旅游费用、旅游同伴对老年人出游形成制约,家庭责任也是老年人出游决策的约束因素。郑晓丽 (2012)从家庭代际整合和代际差异两个维度,提出了结构整合、交往整合、情感整合、客观差异、生活方式差异、代际角色差异等 6 个方面、14 个可操作性的代际互动变量,对如何影响家庭旅游决策进行了研究(见表 2.1)。

表 2.1　代际关系影响家庭旅游决策的变量

6 个方面的影响因素及内涵		可操作性代际互动变量
代际整合	结构整合:空间结构,如物理居住距离等	家中两代人间的居住距离
	交往整合:交往的频率与类型,是否经常互相拜访	见面频率,经济支持,日常照料支持
	情感整合:家庭中两代人在情感上的亲密性	日常聊天,倾诉心事,代沟,情感支持
代际差异	客观差异:可以直观度量的差异	闲暇时间差异
	生活方式差异:消费观、休闲活动等方面	休闲方式差异,旅游偏好差异
	代际角色差异:随着时间推移,家庭成员在决策中逐渐形成专业化的角色分工	文化程度差异,代际可支配收入差异,职业,资源贡献

资料来源:根据郑晓丽(2012)的研究进行整理。

(2)老年人旅游消费特征

旅游消费是旅游消费行为的"购买"和"使用"环节,包括旅游前的预定交易和旅游中的消费购买等内容。由于生活阅历、身体机能和经济水平等方面的原因,老年旅游者在旅游消费中表现出独有的特征。具体来说,有以下几个特点:第一,在消费动机上更多地考虑健康与保健的需要。有研究指出,老年旅游者的消费动机逐渐转向对生活质量提升的追求,如社交(Thomas & Butter, 1998),健康与自我提升(Horneman, Carter, & Wei, 2002),美与差异动机和身心健康动机(张运来、李跃东,2009),健康、情感、文化、完善人生和从众等(李琳、钟志平,2011)。第二,在消费选择上表现出独特的偏好与倾向。在旅游类型方面,老年人更热衷于疗养与保健结合的产品、要求在观光的同时注重文化的体验,如冒险旅游(Muller & Cleaver, 2000)、生态旅游(高文举,2009)、度假旅游(王建喜、张霞,2008)、养老旅游(黄璜,2013;宋欢、杨美霞,2016)等。在出游方式和出游时间方面,老年人倾向于团队旅游与家庭旅游,因为可自由支配时间较多、出游时间表现出较大的自由度(李琳、钟志平,2011)。还有研究表明,老年旅游者喜欢过夜旅游,偏好度假胜地和团队旅游,喜欢 2—3 天的旅游行程,以及喜欢待在一个地方过夜(Chen &

Shoemakes，2014)。在旅游信息渠道的选择方面，除了通过包价旅游和旅游代理商(Javalgi，Thomas，& Rao，1992)等传统方式获取旅游信息，电视、新媒体、亲朋好友推荐、旅行社与社区活动广告等渠道都是老年人的选择(郭一炜，2017；郎富平，2014)。第三，在消费购买上表现出补偿性消费心理。葛米娜(2007)在对武汉市老年人旅游消费的研究中发现，老年人由于以往艰苦生活环境的影响，试图随时寻找机会补偿过去因条件限制未能实现的消费愿望。李真、李享、刘贝贝（2018)基于补偿性消费理论，研究了北京市老年人旅游消费行为的心理依据，发现老年人在旅游中更偏爱怀旧旅游产品，表现在会购买当地特色的旅游纪念品。第四，在消费过程上代际差异明显。有研究指出，老年人与年轻人在旅游动机、重复购买行为、消费偏好和花费模式、态度与意向、价值观感知等方面存在不同(Gardiner，Garce，& King，2015；Han，Hwang，& Kim，2015；Moschis & Unal，2008)。

从旅游消费的影响因素来看，Gibert 和 Cooper (1991)在其构建的旅游者消费行为模型中提出旅游者消费的影响因素主要包括两个方面：一是旅游者的动机、个性、知觉、学习等因素；二是社会化过程中产生的社会经济、文化、家庭及相关群体的因素。王大悟、魏小安(1998)提出，旅游者的经济收入对旅游消费结构起决定性作用，经济收入越高，其旅游消费档次就高，参加的旅游消费项目也越多。在老年人旅游消费影响因素的研究中，现有研究基本遵循从内在影响因素和外部影响因素两个方面探讨。

在内在影响因素方面，老年旅游者自身的生活经历、心理生理状况以及经济条件对其旅游消费产生影响。例如，由于经济水平、身体生理上的原因，老年人更喜爱短线旅游(梁丹林，1998)，在旅游活动的消费上，注重文化底蕴厚重、节奏较慢的旅游消费活动(洪文比，2005)。老年人出于勤俭节约的习惯，旅游消费时注重经济实惠、不太追求奢侈和豪华消费，以纯旅游活动为主(时应峰，2007)。老年人旅游在购物选择上，往往是理性的，选择商品和服务时一般进行理性分析后才会购买(邓隽，2008)。

在外部影响因素方面，主要从目的地环境特点、旅游类型、社会经济、文化等方面进行探讨。如 Littrell 等(2004)对户外旅游、文化旅游和运动娱乐旅游等 3 类老年旅游者进行分析后发现，他们特别关注购物场所环境的整洁程度。邵媛（2019）在对南京市老年人康养旅游的调查中发现,与传统的老年人旅游花费项目聚焦在吃、穿、住、行方面不同,老年人康养旅游的消费主要在购买商品和健康休闲项目上,其中购买康养商品是最大支出,占比达 78.6%。王艳婷、张鲁彬（2016）从社会经济的宏观视角出发,利用灰色关联分析模型,对京津冀地区老年旅游的面板数据进行分析后发现,老年抚养比、城镇人口数量、城镇基本养老保险以及地区消费支出等因素对 65 岁及以上老年人人均旅游消费支出均有重要影响。此外,中国传统儒家文化中的节俭、适度、和谐、谨慎、集体导向、厌恶风险等因素形成的消费观,对老年旅游消费的影响较大（陈俊勇，2005）。

此外,家庭代际支持作为外部影响因素的一种,也引起了研究者的注意。Allen 和 Bretman（1981）指出,老年人个人的储蓄和子女的经济资助构成了老年旅游者的可支配收入,是旅游消费产生的重要前提。侯国林、尹贻梅、陈兢（2005）对上海市老年人旅游行为的分析中发现,子女会以经济资助、购买旅游产品等代际经济支持方式促进老年人旅游消费。在代际情感支持方面,于洋、王尔大、王忠福（2008）指出子女关注老年人的精神需求,支持父母外出旅游是子女孝道观的重要体现。Middleton（1988）在其提出的旅游消费购买者行为的刺激—反应模型中,特别强调了沟通媒介对旅游消费者购买过程的影响,除了引入广告、推销、朋友、相关群体等外部媒介变量,还关注了家庭沟通变量。

(3)老年人旅游体验评价

旅游体验评价是旅游消费行为的内隐环节,是旅游者对旅游体验的感知状况及其态度。旅游体验来自旅游消费过程,旅游决策和旅游消费购买都将形成不同的旅游体验,旅游评价则源于旅游体验。Ryan（1997）认为,旅游体验将影响旅游者对旅游过程的评价。对旅游体验质量高低的评价,则进一步影响旅游者忠诚度、后旅游行为意向及旅游地可持续发展（Jin, Lee, & Lee, 2015）。

一直以来,旅游满意度是旅游体验评价的主要方式。满意度是反映旅游体验质量的重要代理变量,产品、服务及旅游质量评价的理论基础来自顾客期望与感知绩效间的比较和等级匹配的程度（Lewis & Booms, 1983）。刘军林（2010）提出,旅游体验质量的评价是旅游者对自身旅游体验感受和整个旅游过程服务质量的评价,并从主、客观 2 个向度,旅游吸引物、导游帮助、个体变量、旅游者主观评价等 4 个模块以及相对应的 14 个三级指标和 25 个四级指标构建了旅游体验质量评价体系模型。胡道华、赵黎明（2011）则按照游客参与旅游的动态体验过程,从景观质量、服务质量和环境质量 3 个方面构建了游客感知评价模型,将游客感知作为游客对其所体验的各项服务的综合满意程度,并认为游客满意度受游客感知质量的影响。此外,使用满意度来替代测量游客体验质量的研究还有白凯、马耀峰（2007）对入境旅游者体验质量的评价,以及李普男、吴相利、潘玲玲（2011）对影视主题公园旅游者的体验质量评价等。

有学者指出,旅游体验是体验个体集中的以情感或情绪表现出来的快感体验（谢彦君,2011）,而单纯以游客满意度测量旅游体验,则会忽视情感路径或情感体验,实际上旅游者更高水平的积极情感（如欣喜、惊喜、愉悦）可能比满意度更能说明旅游者的体验（马天,2017）。至此,情感维度被引入旅游体验评价研究中,例如王昕、李继刚、罗兹柏（2012）从旅游体验需求角度对游客满意度评价进行了研究,选取了情感体验、知识体验、实践体验、观念转变 4 个指标,以及对景物的情感等 12 个评价因子构建了游客满意度评价模型,研究发现旅游者非常注重情感体验。孙小龙、林壁属、郜捷（2018）也认为,旅游体验质量评价是对游客心理累积情感的测度。

关于老年人旅游体验评价的研究文献较少。付业勤、郑向敏（2011）将老年旅游者体验要素分为旅游目的地和资源、旅游设施与服务 2 个维度,自然风光、旅游咨询服务等 21 个指标,构建了老年旅游者体验量表,运用 IPA 方法对老年旅游者体验的重视程度和表现程度进行了比较分析,发现老年人对旅游体验的评价主要是目的地的接待条件和环境方面。廖玉凤（2017）从艺术学视角对老年人出游 App 进行了用户体验研究,提出了基于模糊理论的用户体验度量模型,对用户满意度进行了量化分析,发现老年人对旅游信息工具的评价主要来自其是否能满足基本出游需求。还有研究基于旅游服务系统理论和 SERVPERF 服务质量五维度模型,构建了旅游目的地老年旅游服务质量评价体系,从服务的有形性、可靠性、响应性、保证性、关怀性、安全性、适老性等 7 个维度来评价目的地的老年旅游服务质量（王丹,2018）。

从前人的研究来看,关于旅游体验评价的研究较为丰富,但在老年人旅游领域研究不多,体系也不完善。需要指出的是,现有研究主要将满意度与情感维度纳入旅游体验评价范畴。

2.2.3　老年人旅游体验的内容与影响因素

(1)老年人旅游体验的内容

20 世纪 80 年代,消费者体验研究逐渐进入研究者视野,比较有代表性的是 Pine 和 Gimore 提出的体验双因素理论和施密特顾客体验理论。Pine 和 Gilmore (1998)以消费者参与程度和与环境的相关性两个因素为切入点进行研究,将消费体验划分为娱乐(entertainment)、教育(education)、逃避现实(escape)和审美(estheticism)4 种类型,上述 4 种体验的交叉地带形成最优的消费者体验,也被称为"甜蜜点"体验(sweet spot)。Schmitt (1999)认为消费者体验可以从感官(sense)、感觉(feel)、思考(think)、行动(act)和社会关联(relate)等 5 个维度进行划分,并提出了由感官的体验(sensory experiences),情感的体验(affective experiences),创造的、认知的体验(creative cognitive experiences),物理体验、行为和生活方式(physical experiences、behaviors and lifestyles),社会身份体验(social identity experiences)组成的顾客体验模型。

在此基础上,旅游领域开始对旅游体验的测量维度和内容进行研究。邹统钎、高中、钟林生 (2008)在 Pine 和 Gimore 研究的基础上,根据游客活动和心理特征,将移情体验(emathy experiences)也作为旅游体验的一个方面,构建了娱乐、教育、逃避、审美和移情 5 个方面的旅游体验内容。Wang 等 (2012)在施密特顾客体验理论基础上,通过对湿地生态旅游的研究,获得了审美体验、情感体验和行为体验 3 个维度的旅游体验内容。基于顾客体验模型,沈鹏熠 (2013)通过实证研究证实了感官、情感、思考、行动和关联等 5 个方面的旅游体验对游客感知价值具有积极影响。

基于体验双因素理论和顾客体验模型对旅游体验的研究,使旅游体验的知识日益丰富,但在具体的旅游研究中,不同的研究情境中会有不同的分类维度和内容。王昕、李继刚、罗兹柏 (2012)指出,旅游体验是旅游者基于一定的旅游动机和目的,在不同的旅游情境中通过具体旅游活动感知,形成不同的体验感受。例如，Huang 和 Hsu（2009）在对邮轮旅游者的研究中发现，学习、放松、自我关照、家庭关系和健康体验是其旅游体验的 5 个方面。Kim 等（2010）则将旅游体验分为享乐、精力恢复、地方文化、充满意义、知识、涉入和新奇等 7 个维度，并认为上述维度适用于大多数的旅游体验。Vespestad 和 Lindberg（2011）在自然旅游体验的研究中，将体验内容分为真实、娱乐、存在和社会文化体验 4 个方面。周晓贞、杨红英、刘晓石（2014）对骑行旅游者进行研究后发现，旅游体验聚焦在知觉体验、情感体验和反思体验等方面。

　　本书结合上述文献，将老年人旅游体验的内容概括为感官体验、情感体验、认知体验、社会关联体验等 4 个方面，后续将结合质性研究结果，对老年人旅游体验的结构维度进行详细探讨。需要指出的是，龙江智（2010）在《旅游体验理论：基于中国老年群体的本土化建构》一书中，从时间历程上将旅游体验分为预期体验、现场体验和追忆体验 3 个阶段。预期体验是在旅游决策阶段即决定出游到启程这段时间内旅游者获得的体验感知及结果；现场体验是在旅游消费购买阶段即出门后、回程前，旅游者通过与旅游世界交互作用后获得的体验感知及结果；追忆体验则是在回程后，旅游者对整个旅游活动体验的回忆、联想和想象。本书对老年人旅游体验的研究，从内容上关注其在旅游决策和旅游消费购买阶段获得的体验感知，从时间历程上着重关注其在回程后的追忆体验。

（2）老年人旅游体验的影响因素

　　影响旅游体验的因素众多，总的来说主要包括旅游者自身因素、旅游服务因素、旅游辅助工具等方面。大量的研究发现，旅游者学历、旅游经历、旅游期望（安贺新、王乙臣，2013）、游客行为和情感参与（Kim，2012）、游客心情和期待（Huang，Scott，& Ding，2012）等自身因素，以及目的地资源条件（付业勤、郑向敏，2011）、旅游产品特点、旅游服务质量（王丹，2018；殷殿格，2008）等旅游服务因素影响旅游者的旅游体验。有研究认为，旅游辅助工具的使用对游客的体验产生积极的作用，例如在线旅游视频（Tussyadiah & Fesenmaier，2009）、智能手机（Wang，Park，& Fesenmaier，2012）、社交网站（Kim & Tussyadiah，2013）、出游 App（廖玉凤，2017）等工具的支持提升了游客体验。

　　相关研究还指出,旅游中的人际交流互动会对旅游体验产生影响。旅游活动中的人际互动行为包括旅游者之间的互动、旅游者与目的地居民之间的交流互动、旅游者与服务者之间的互动等。陈才、卢昌崇(2011)认为,旅游者通过旅游过程中对人、事、物的互动与理解,产生不同层次认同的心理状态,从而体现旅游体验的独特价值。Gorman(1979)对团队旅游的游客间互动行为进行了研究,发现游客共同处理旅游中的事件后,团队游客间的情感增强。Curtion(2010)进一步指出,团队旅游中成员游客间的互助、分享、互动行为等可以促进旅游者情感的满足,有助于旅游体验成功。旅游者与目的地居民间的主客互动关系研究,一直是旅游学领域的主题。王宁(2007)认为,旅游者在主客互动中往往是积极主动的,并倾注了自己的情感。李丽娟(2012)也指出,游客与景区共同创造价值有助于提升旅游体验质量,并对游客游后行为产生积极影响。陈永昶、徐虹、郭净(2011)对游客与导游的交流互动进行了研究,发现导游为游客解决问题的能力,以及服务专业性能显著降低游客风险感知,提高游客感知价值与满意度。Grissemann 和 Strokburger(2012)在研究中进一步证实了,旅游者与旅行社的互动与参与程度显著影响其对服务者的满意度,进而影响其旅游忠诚度和消费支出。

　　从以往文献来看,旅游中的人际交往行为引起了学者的关注,但目前的研究较多关注旅游者与目的地居民、服务提供者以及旅游者之间的互动交往,对旅游中的家庭代际互动因素的研究还较为缺乏,少量的文献出现在家庭旅游研究中。Haldrup 和 Larsen(2003)指出,家庭旅游者在旅游中强调亲密的社会关系交往,他们以旅游中家庭成员的共同拍照为例,认为拍照可以留住家庭成员共同出游的美好时光和回忆,反映了一种社会关联体验。Kang 和 Hsu(2004)则关注了家庭旅游中的冲突互动行为,认为通过搜集更多的信息资料和家庭成员的协商可以解决冲突,并对家庭旅游者的满意度产生很大影响。Lehto 等(2009)指出,家庭旅游互动行为包括旅行前的决策参与、旅行中的互动体验以及旅行后的共同回忆,这些互动使家庭成员感觉更亲近、获得共同的乐趣和体验。Watne 等(2014)研究发现,家庭旅游中成员之间的沟通交流对旅游决策起到较大作用,不同性别角色的作用存在差异,如父亲更倾向于女儿提供的建议,而对于信息类的决策行为则更偏好于儿子的建议。

Lehto 等(2017)进一步对中国家庭旅游的互动行为进行分析,提出了交流与共聚、共享经历、逃避与休闲、孩子学习与教育等4种类型。可见,家庭旅游者通过在旅游中的互动行为,提高自己与家庭成员的情感体验与旅行价值。

有研究认为,旅游互动行为是发生在特定旅游情境中的人际互动(谷传华、张文新,2003)。顾名思义,只要与旅游情境有关的人际互动,都应纳入考量范畴。在老年人旅游活动中,由其特殊的生理心理特征导致在旅游过程中,需要来自子女的帮助、情感交流、事项告知等代际互动,这种特殊情境对老年旅游者的心理与行为都会产生影响。有研究指出,旅游情境中人与人的交往、人与人的关系、人与人的影响,既是加工后的情景因素,也是旅游体验的重要组成部分(屈小爽,2018)。更为重要的是,积极的旅游体验还会进一步导致代际互动行为的发生,如老年人在旅行中获得的积极体验能促进其与子女间的交流共聚、共享经历、逃避与休闲、学习教育等互动交流。

2.3 幸福感相关研究

2.3.1 幸福感的研究视角

幸福感研究起源于1967年Wilson对自我幸福感的相关因素的研究(苗元江,2009),随后出现在社会、行为、环境和政策科学中,被认为是社会运动指标的一个分支(Sirgy, Uysal, & Kruger, 2017)。幸福感研究过程中逐渐包含不同层次、多种维度的幸福感内涵,从起初的主观幸福感向主观、心理、社会幸福感多维度发展(刘阳、尹寿兵、刘云霞,2018)。已有学者开始将多种幸福感进行融合研究(Ryff & Keyes, 1995;苗元江,2007;严标宾、郑雪,2008)。

主观幸福感由情感维度和认知维度组成,即拥有较多的积极情感和较少的消极情感,以及对生活的满意度(Diener, Suh, & Lucas, 1999)。积极情感是个人快乐的情绪,反映事物发展与个人期望的一致性,消极情感则是不快乐的情绪,反映生活、健康和环境与个人期望的违背。生活满意度主要是指个体对自己当下生活状况的认知评价(Diener,2000)。研究者逐渐发现,幸福并非只有快乐和生活满意度构成,还包括个体自我实现的幸福,比如个体投入活动中时,自我实现和心理需求的满足也是幸福感的重要体验。随后,有研究指出单从短暂的愉悦情绪和生活满意度并不能完全反映幸福感的全部内涵,提出了心理幸福感(Ryff,1989)的概念。Waterman(1993)认为心理幸福感是人们从事与自己深层价值观相匹配的活动并全身心投入其中所产生的一种自我潜能实现状态。Ryff 和 Keyes(1995)结合已有研究成果,进一步提出了心理幸福感模型,认为心理幸福感是一种努力表现完美的真实的潜力,并将其分为自我接受、环境掌控、积极人际关系、生活目的、人格成长和独立自主 6 个维度。Compton 等(1996)通过对幸福感的因子分析,发现有两个相互关联但又不同的因子结构,一个因子的负荷主要集中在积极情感、生活满意等项目上,另一个因子的负荷集中在人格整合及自我实现等项目上。这从实证层面进一步证实了幸福感研究的两大视角。

苗元江(2003)提出,幸福感是一个统一的整体,只有整合主观幸福感和心理幸福感才能更深入地理解幸福感的本质,他从生活满意、正性情感、负性情感、健康关注、生命活力、自我价值、人格成长、友好关系、利他行为等 9 个维度编制了《综合幸福问卷》,较为全面地涵盖了幸福感的各个要素。

为了探讨个体在社会环境中的良好存在状态,Keyes(1998)提出了社会幸福感的概念,主要反映个体对自己与他人、集体、社会之间的关系质量以及对其生活环境和社会功能的自我评估。他通过实证研究提出了社会幸福感测量维度,包括社会整合、社会贡献、社会和谐、社会认同和社会实现等 5 个方面。他在对美国成年人心理健康的调查研究中,采用情绪幸福感、心理幸福感和自己开发的社会幸福感量表,进一步证实了幸福感是一种积极的心理状态,包括主观幸福感、心理幸福感和社会幸福感 3 个方面(Keyes,Shmotkin,& Ryff,2002)。这是首次将社会幸福感纳入幸福感研究中,从社会整体层面关注处于社会环境中个体机能的实现对于他人或社会产生的意义和价值,是幸福感研究视角的重大飞跃。

随着社会幸福感概念的引入,陈浩彬、苗元江(2012)对幸福感研究的视角进行了新的解读和建构,从理论层面探索了主观幸福感、心理幸福感和社会幸福感之间的关系,并提出幸福感的研究应将三者进行整合,形成了从主观到客观、从个人到社会的现代幸福感理论模型(见图2.3)。陈志霞、李启明(2014)进一步研究认为主观幸福感、心理幸福感和社会幸福感虽然有区别,却是个体幸福感的3个不同侧面,共同构成个体整体的幸福感,并通过实证验证了不同年龄群体的拟合情况,证实了幸福感整合模型具有相对的稳定性。综上,幸福感研究视角的发展脉络为本书进一步探讨旅游者幸福感提供了理论框架。

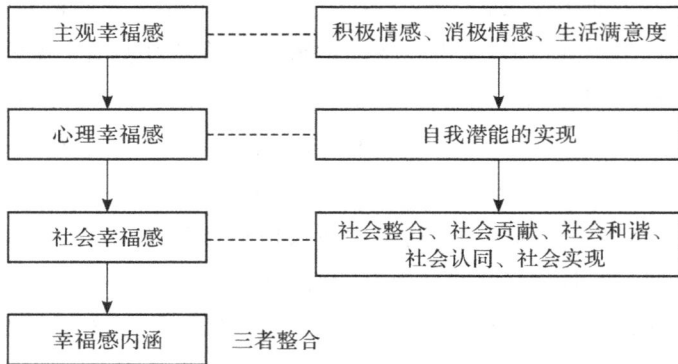

图2.3 幸福感内涵研究的发展脉络

2.3.2 旅游者幸福感研究进展

旅游者幸福感研究最早可以追溯到20世纪80年代中期对旅游生活满意度的研究(Chen & Petrick,2013)。经过几十年的发展,其研究过程经历了"借用主观幸福感概念—从主观幸福感向心理幸福感研究的转向与融合—将主观幸福感、心理幸福感和社会幸福感三者进行融合研究"等几个阶段,在内涵构成、工具测量等方面体现出不同的特征。

(1)主观幸福感的直接借用阶段

旅游者幸福感研究大都将主观幸福感作为主要考量指标。从概念内涵来看,有学者直接采用迪内(Dinner)的定义,将旅游者幸福感界定为旅游者对自身生活满意程度的认知评价(Su,Swanson,& Chen,2016;陈晔、张辉、董蒙露，2017）。也有研究提出，旅游幸福感是旅游者在旅游活动过程中因体验生发的积极情感，主要表现为主体需求的满足、参与并沉浸于旅游活动中，同时这些活动对于旅游者有一定积极的价值与意义（亢雄，2012）。总体而言，旅游者幸福感被直接概念化为旅游者的积极情绪、消极情绪或生活满意度（Chen & Petrick，2013）。从测量维度来看，早期的研究采用情感维度（Milman，1998）、生活满意度（Neal，Sirgy，& Uysal，1999)等单一维度进行测量，后期逐渐认同迪内的观点，设计包含生活满意度、积极情绪和消极情绪3 个维度的旅游者主观幸福感量表（Gilbert & Abdullah，2004；Lu，2015）。例如，Sirgy 等（2011）在旅游生活满意度的研究中，利用主观幸福感 13 个领域的指标来测量旅游者主观幸福感。Wei 和 Milman（2002）在对老年人度假活动与心理健康的研究中，采用了 24 个情感和体验指标来测量老年人幸福感。Filep（2012）指出，主观幸福感理论通常被用来帮助概念化和衡量游客的幸福感，直接借用难以全面分析旅游体验带来的更深层次的意义。

（2）主观幸福感向心理幸福感研究的转向与融合阶段

基于主观幸福感直接借用的局限性与片面性，旅游研究者开始关注旅游者心理幸福感的研究。旅游者心理幸福感强调旅游者在旅游过程中自我潜能的实现，包括个人人格成长、自我认同或接受、独立自主和良好的人际关系等。大量的研究发现，旅游者获得的旅游体验除了情感和生活满意方面，还包括个人成长或自我更新（Arnould & Price，1993）、自我变革（Noy，2004）、自我认同、自我赋权及与他人的关系（Wilson & Harris，2006）。例如，Berdychevsky 等（2013）在对女性旅游者旅游活动的研究中发现，旅游不仅可以为女性旅游者带来积极情感，还能获得个人成就感、意义感、自我接受等心理幸福感的体验要素。从测量维度来看，邓军、吴娜、傅安国（2014）在对海南温泉旅游者心理幸福感的研究中，编制了 29 个测量项目，包括人格特质倾向、自尊、生活乐观态度、生活目标、沮丧与快乐状况等内容。

旅游者幸福感研究的这种转向，进一步丰富了旅游者幸福感的内涵。在国内的旅游研究中已经出现将主观幸福感和心理幸福感进行融合的探讨，例如张天问、吴明远（2014）采用扎根理论研究方法，通过对互联网旅游博客文本的内容分析，提出旅游者幸福感的生成过程主要在旅游前热切期待、旅游中福乐体验和旅游后温馨回忆 3 个阶段,包括享受闲适生活、获得旅游福乐体验、提升积极情绪、减弱不良情绪、感受人际美好,进而提升人生的存在感、价值感、审美感和道德感等内容。妥艳媜(2015)认为旅游者幸福感是旅游者在旅游过程中感受到的感官享乐和精神层面的综合体验,包括如情感、体能、智力以及精神达到某个特定水平而产生的美好感觉,并由此形成的深度认知。她在旅游者幸福感的概念化及其量表开发研究中,将积极情绪、控制感、个人成长、成就体验、社会联结和沉浸体验等 6 个方面的主观幸福感和心理幸福感要素作为内涵变量。

(3)主观幸福感、心理幸福感和社会幸福感研究的融合阶段

自凯斯(Keyes)提出社会幸福感的概念后,旅游研究也逐渐开始探讨旅游者在社会环境中的存在状态、关系质量以及自身行为对他人和社会产生的价值意义与自我评估。刘阳、尹寿兵、刘云霞(2018)提出,旅游者幸福感研究应采取多维度视角进行测量,利用心理幸福感和社会幸福感的研究视角将成为旅游研究领域新的突破。国内的学者开始进行这方面的研究,例如王小欢(2016)对城市居民游憩者幸福感的研究中,将情感幸福感、认知幸福感和社会幸福感作为描述旅游者幸福感的内涵。廖翼曼(2018)对旅游小企业主幸福感的研究中,将主观幸福感、心理幸福感和社会幸福感 3 个视角的内容进行融合测量,包括生活感知、个体心理因素、社会感知、职业身份感知 4 个类别。其中主观幸福感测量涵盖 3 个维度,分别是整体生活满意度、物质生活条件、非物质生活条件;心理幸福感测量包括身心健康、自我认同、独立与掌控 3 个维度;社会幸福感测量主要包括社会信心、行业信心、社会交往 3 个维度。除此之外,针对旅游小企业主的特点,引入了职业认同、主客交往和经营管理能力 3 个维度。

总体而言,目前旅游者幸福感研究直接借用主观幸福感概念的做法依旧占据主流,关于心理幸福感和社会幸福感两大视角的文献相对较少,尤其是对特定群体的整合旅游幸福感研究更是缺乏。在实际测量中,受访者大多将幸福感看成一个整体,因此借鉴多种幸福感主题的内涵,促进旅游者幸福感的整合是一个重要的趋势。本书依据以上探讨,从三者融合的视角测量老年旅游者的幸福感水平。

2.3.3　老年人旅游体验与幸福感的关系研究

(1)旅游追忆体验维度

旅游消费行为是一个复杂的行为集合,许多学者对其进行了深入的研究,得出了一些具有重要价值的旅游消费行为模型。Mathieson 和 Wall (1982)提出了五阶段的旅游消费过程模型,包括旅游需求识别阶段、信息搜寻与评估阶段、旅游购买决策阶段、旅游体验阶段和旅游评价阶段(见图 2.4)。

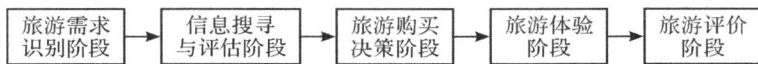

```
┌──────────┐   ┌──────────┐   ┌──────────┐   ┌──────────┐   ┌──────────┐
│旅游需求  │ → │信息搜寻  │ → │旅游购买  │ → │旅游体验  │ → │旅游评价  │
│识别阶段  │   │与评估阶段│   │决策阶段  │   │阶段      │   │阶段      │
└──────────┘   └──────────┘   └──────────┘   └──────────┘   └──────────┘
```

图 2.4　旅游消费行为过程模型

资料来源:Mathieson A,Wall G. Tourism:Economic,Physical and Social Impacts. Harlow:Longman,1982.

该模型认为旅游者根据旅游动机产生欲望和需求,在进行决策前往往需要收集大量的信息,并对这些信息进行评估、筛选和选择,找到符合自身需求的产品,同时对旅游方式、时间、餐饮、住宿、价格、交通方式等方面形成一系列决策。旅游者到达目的地后,按照旅游购买决策阶段制订的计划,进行相关的住、食、行、游、购、娱等实际购买和消费活动。这个阶段旅游者可能获得新的信息或由于发生相关事件而改变之前的计划和安排,重新制定决策,并按新的决策进行消费和购买行为。旅游者在旅游消费过程中形成对旅游服务和产品的自我感知和体验,并根据体验进行评价,不同的体验结果将影响其对旅游消费的满意度评价及幸福感。

约翰·斯沃布鲁克 (2004)在其《旅游消费者行为学》一书中,分析了所罗门(Solomon)在 1996 年提出的不同消费阶段可能涉及的消费行为内容模型,该模型认为消费者行为分为购买前行为、购买行为和购买后行为 3 个阶段,其中在购买前行为阶段,消费者主要关注如何决定需要的产品、如何了解更多的选择以及思考什么是最佳的信息来源;在购买行为阶段,消费者主要关注购买产品是不是一种令人愉悦的经历,这种行为对于自身的价值和意义是什么;在购买后行为阶段,消费者则关注购买的产品是否能够给自身带来愉快或者作用,产品被如何处理以及处理方式会给环境造成什么影响。根据该模型并结合龙江智(2010)对旅游体验的时间历程划分,老年旅游者在旅游前、中、后3个阶段分别有不同关注点及体验感知。具体来说:在旅游前阶段,通过对旅游需求的认知识别、旅游信息的搜寻与评估形成对旅游活动的预期体验;在旅游中阶段,通过对旅游产品和服务质量的感知形成旅游消费购买的现场体验;在旅游后阶段,通过对预期体验和现场体验的回忆形成整个旅游消费活动的追忆体验(见图2.5)。马天(2017)指出,旅游者对旅游体验的记忆有些是易逝的,有些是长久的,而长久的记忆将成为其生命中一段难忘的回忆。换言之,老年旅游者通过追忆那些让其留下深刻印象的体验内容,更能反映出旅游活动的价值意义。

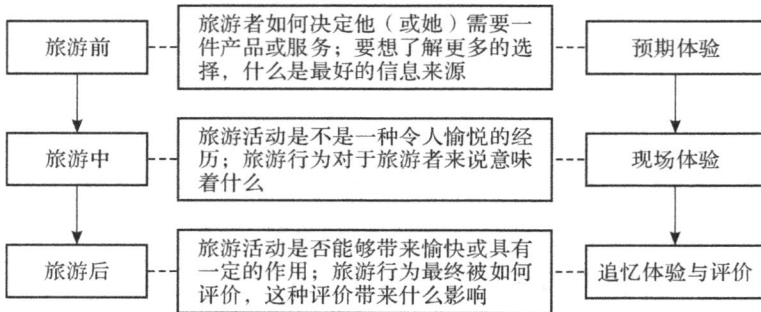

图 2.5 不同阶段的旅游体验维度

(2)老年人旅游体验与幸福感的关系假设

旅游活动的根本动机是寻找和收获幸福感,通过旅游活动老年人获得了兴奋、愉悦、满意的体验感知(Nimrod & Rotem,2010;Tung & Brent,2011),对其健康水平、生活质量、价值观养成、社交关系、社会参与水平等都产生了积极作用(Gustafson,2002;Nimrod,2008)。例如,Neal等(1999)将旅游服务满意度分为游前、路途、目的地和游后4个方面,通过实证研究证实了旅游服务的满意度会影响旅游者对旅游体验的满意度,进而影响整体生活满意度。旅游者通过旅游活动的开展,影响其在健康、社会、家庭、工作等具体生活领域的满意度,进而影响总体生活满意度,这种积极作用在老年人、社会旅游人群中也得到了验证(Mccabe & Johnson,2013;Sun & Tideswell,

2005；Wei & Milman，2002）。张天问、吴明远（2014）则进一步从旅游前、旅游中和旅游后 3 个阶段对旅游体验与幸福感的关系进行了探索，认为在旅游前，旅游者通过制订旅游活动计划、收集旅游攻略、查阅旅游目的地资料等活动，在憧憬旅游实现的过程中获得旅游的幸福初体验。在旅游中，旅游者脱离惯常环境，进入旅游世界，通过不同的旅游消费活动，感受自由、悠闲、美与爱的欢乐，进而激发文化认同、历史认同与生命认同。在旅游后，旅游者通过整理照片、撰写游记、分享经历等形式，以沉浸、转化、沉淀等方式获得幸福感的回忆体验。

有研究指出，旅游者特征、旅游活动类型以及旅游体验的差异性使旅游者获得不同的幸福感。Dann（2012）的研究证实了旅游者特征与旅行特征可以直接或间接影响旅游者主观幸福感，对旅游者特定生活领域的满意度或总体生活满意度产生影响。游客通过不同类型的旅游活动和体验感知将获得诸如情感幸福、精神层面幸福感、社会文化幸福感等不同的幸福感（Puczkó & Smith，2012）。例如，在旅游决策行为中，Strauss-Blasche 等（2000）认为旅游能以不同的方式影响人们的幸福感，但旅游前准备阶段的幸福感增强最明显。在旅游消费购买行为阶段，不同的旅游消费体验对幸福感的影响也不尽相同。Milman（1998）指出，旅游度假活动可以促进游客的幸福感和生活满意度，它们之间存在一定的正向关系（Janet & Neal，2004）。Glbent 和 Dullan（2003）对比分析了非度假者与度假者的幸福感受，发现非度假者的幸福感要低于度假者。Filep（2012）通过不同的幸福感理论解释长途旅游、背包游、短途旅游等不同旅游活动的幸福感，发现不同的旅游消费活动使游客获得不同的幸福感。需要注意的是，旅游体验评价是影响旅游者幸福感的直接因素（Argyle & Crossland，1987；Hills & Argyle，1998）。Kim 等（2016）在对航空旅游者的研究中发现，旅游者的认知评价、情感评价和感官评价正向影响主观幸福感。一般认为积极的消费体验与评价会产生积极情绪，进而提高游客的主观幸福感。综合以上分析，本书提出如下假设：

假设 1：老年人旅游体验与幸福感有显著关系。

假设 1a：积极的感官体验对幸福感有显著的正向影响。

假设 1b：积极的情感体验对幸福感有显著的正向影响。

假设 1c：积极的认知体验对幸福感有显著的正向影响。

假设 1d：积极的社会关联体验对幸福感有显著的正向影响。

2.4　代际互动相关研究

2.4.1　场域理论中的"关系分析"视角

(1)场域理论回顾

"场域"是布迪厄实践社会学中的一个重要概念。布迪厄、华康德（1998）认为，整个社会世界就是由各种小世界所组成，这些小世界具有自身特色的运行逻辑以及与其相联系的客观空间。实际上，在布迪厄看来，社会中的小世界就是所谓的各种不同的场域，如果将社会作为一个"大场域"，那么这些相互独立又存在紧密关系的"子场域"就是其重要的组成部分（毕天云，2004）。有学者研究发现，每个场域内都存在着竞争与博弈，而决定这种竞争关系的关键在于"资本"，资本在场域中有自身运行的逻辑，资本既可以是场域内竞争者的目标，也可以作为主要手段用于竞争（李全生，2002）。布迪厄将资本的类型分为社会资本、经济资本和文化资本（周兰珍，2007）。文化资本是包括文化习俗、制度、产品或服务在内的所有文化资源的综合，通过行为、话语、生活与生产方式进行传递。一般而言，各种类型的文化资本通过不同方式进行转化与传递，这种架构便形成了文化场域，并影响行动者的实践活动。各种文化元素的融合交流形成的文化场域，不仅使人的行为、思想、价值观念受到影响，同时文化的再生产也需要通过基于文化场域内不同行动者之间的链接与交流才能获得成功。例如，儒家思想中的孝道文化对家庭代际关系主体的互动行为实践，以及思想与价值观的形成都起到了非常重要的作用。

"惯习"是与场域紧密相联系的概念，是组成布迪厄实践社会学的重要体系之一。布迪厄认为，行动者在场域中不是"物质粒子"，而是有精神属性、意识和情绪倾向的。"惯习是一个开放的性情倾向系统,不断地随经验而变,从而在这些经验的影响下不断地强化,或者调整自己的结构。它是稳定持久的,但不是永远不变的。"(布迪厄、华康德,1998)实际上,场域中的行动者在参与社会实践的过程中,会受惯例与习俗的影响,形成自身场域内的性情系统,同时又将影响和建构新的场域。换句话说,场域与惯习是组成行动者的实践逻辑,场域塑造了惯习,惯习将场域建构成一个客观真实、丰富多彩的世界。

资本也与场域紧密相关,行动者使用资本的策略取决于其在场域中的位置,场域则提供了各种资本相互竞争、比较和转换的场所……例如在文化场域中,主要是文化资本的流通与交换(宫留记,2007)。布迪厄认为,资本可能是物质化的,也可能是身体化与制度化的,具有再生产的能力,其中文化资本是布迪厄资本类型中的主要类型之一。在布迪厄看来,不同类型的资本都具有可传递性。例如,身体化的文化资本诸如个人的言辞、审美趣味、教养等是一种特殊化的惯习,表现为行动者稳定的性情倾向,在传递时表现得较为隐蔽;物质化的文化资本主要以文化商品、历史文物等表现出来,通过一定的媒介进行传递;制度化的文化资本,则需要通过合法化与正当化进行确认后传递(宫留记,2007)。

可见,场域给社会行动者提供了交往互动以及进行资本交换的空间,资本交换取决于行动者在场域中所处的位置,而行动者的惯习则让场域的内容更加充实。

(2)场域理论中的"关系分析"

场域是一个客观关系构成的系统。布迪厄、华康德(1998)指出,各种场域实质上都是相互间存在关系的系统,一个场域就是在各种位置之间存在客观关系的一个网络或构型。依据场域进行思考就是关系性地进行思考。场域这个概念为"关系分析"提供了理论框架,它所涉及的是对行动者位置和相关关系的分析(陈治国,2011)。

尽管场域是一种客观的关系系统,但在场域里活动的行动者并非物质,而是有知觉、意识和精神属性的人。法国学者菲利普·柯尔库认为,个人在场域中形成的惯习,实际上就是一种持久的可转移的禀性系统,也就是说以某种方式进行感知、感觉、行动和思考的倾向,这种倾向是每个个人由于其生存的客观条件和社会经历而通常以无意识的方式内在化并纳入自身的。

因此,场域理论中的关系性思维视角,即从场域、惯习以及资本等用以表达各种关系束的概念出发,以一种动态性、复杂性、交互性和过程性的思维方式,来全面综合地审视和考察个人或群体在某一场域中的行动。场域理论为本书进一步分析老年父母与成年子女的代际互动提供了基础。

2.4.2 家庭场域中的代际互动

(1)代际互动的类型

根据布迪厄场域理论,从社会整体视角来看,场域便是指由社会成员按照一定的逻辑要求和规则共同构建的社会个体、集体共同参与社会活动的空间,这个空间是充满冲突并动态变化的客观关系系统(邓美德,2014)。家庭是社会最小的单位,是家庭成员生活与开展活动的空间,每个家庭居住的物理空间是场域的一部分,同时也包括家庭成员相处的氛围和相互之间的关系网(徐笑梅,2019)。家庭场域内的代际互动包括以下两种类型。

第一,代际冲突互动。有学者认为,在现代化进程与新时代知识文化体系中成长的年轻一代与他们的父母有着迥然不同的生活方式、理念与价值追求(沈汝发,2002)。成伟、陈婷婷(2009)在研究中发现,父母与子女由于受传统文化影响的方式与程度不同,对新生事物接纳的速度不同,以及社会地位、社会角色不同,代际之间的差异与冲突行为逐渐增多。蔡娟(2015)进一步指出,子代在家庭中逐渐处于主导地位并获得相应权力,父辈对社会的适应性以及对新知识的掌握度远不如子代,父辈逐渐成为受子代教育的对象,一定程度上也失去了家庭的主导地位与权力。除了生活方式、价值理念的不同引发的代际冲突,家庭角色、地位及权力的变化也会导致代际冲突行为。

第二,代际支持互动。代际支持是亲子双方的相互支持,在传统社会中,亲子互动遵循交换原则,既包括物质交换和经济交换,也包括情感和符号的无形交换(王跃生,2008)。代际团结理论对代际支持互动从理论上进行了解释,主要包含6个不同的亲子互动维度:结构性团结、联系性团结、情感性团结、规范性团结、共识性团结和功能性团结(Bengtson & Roberts,1991)。其中,结构性团结主要指家庭成员的类型、数量以及成员居住场所的远近;联系性团结指家庭成员联系的频率和模式;情感性团结指家庭成员之间的情感关系类型、亲密程度;规范性团结指执行家庭角色、承担家庭责任、履行家庭义务的承诺强度;共识性团结指家庭成员之间的价值观、态度、认知方面的一致性;功能性团结指家庭成员之间在经济、时间、情感支持和资源流动及互换的情况(黄庆波、杜鹏、陈功,2017)。

需要指出的是,在代际冲突和代际团结的基础上,Bengtson 等(2002)提出了团结冲突理论。这一理论认为,父母和孩子不仅经历亲密和凝聚力,也经历疏远和冲突。团结和冲突互动是代际关系的矛盾属性,这种互动在各代之间来回振荡,或者维持着区域平衡。

(2)代际互动及关系质量的测量

基于代际冲突、代际团结以及团结冲突理论,研究者采用了各种工具来测量家庭代际互动及关系质量。测量代际团结的最早和最广泛使用的工具之一是代际团结量表(Mangen,Bengtson,& Landry,1988),其他常用的测量方法有 10 项积极影响指数(Bengtson & Schrader,1982)、17 项亲密度量表(Walker & Thompson,1983)和成人依恋量表(Cicirelli,1995)等。Polenick 等(2016)通过 2 个积极的项目和 2 个负面的问题来衡量代际团结,但这一衡量标准只反映了代际团结的情感层面,无法准确评估其他层面。Pitzer 等(2011)提出的父母成人关系问卷的 6 项量表,也未能涵盖各种关系维度。

Bai(2018)以团结、冲突和矛盾心理模型为参照,在中国香港随机抽取的华人老年父母样本中,建立并验证了一套老年父母代际互动及关系质量量表(IRQS-AP)。该量表更准确地衡量老年人与其成年子女之间的关系质量。量表中包括 5 个领域:结构—联系团结、情感亲密、共识—规范团结、代际冲突和功能交流,产生了 15 个候选项目来代表代际互动及关系质量。黄庆波、杜鹏、陈功(2017)认为,以往的研究大多基于不同家庭之间的父母与子女的配对数据分析,忽视了家庭内如兄弟姐妹与老年父母之间的代际互动的影响,提出应将家庭内其他子女纳入分析,并专门开发了中国老年父母与成年子女的代际互动关系测量量表。该量表基于代际团结理论,并将代际冲突作为维度之一进行测量,包括居住的地理位置、联系的频率、情感的亲密性、代际冲突以及代际交换等 5 个维度和 10 个指标。

2.4.3 旅游代际互动与幸福感的关系研究

(1)老年人旅游消费行为中的家庭代际互动

根据代际互动理论的观点,中国家庭成员之间存在各种类型的互动行为,这种互动行为体现了 3 个特点:一是在家庭场域中的亲子互动比较频繁与密切,通过家庭经济资源分配、情感交流、道德义务执行等方式,普遍发生在家庭生活中的各个环节,并塑造了家庭成员的生活方式和行为模式;二是亲子双方由于生活经历、社会经验、家庭地位与角色等方面的差异,形成不同的价值观与思维方式、文化取向与生活方式,从而对某一行为事件在思想、看法、观点和行动上产生分歧与冲突;三是受中国传统儒家及孝道文化影响,亲子互动除了一般意义上的"哺育",还遵循"反馈模式",表现在亲子之间文化、感情、经济交换的代际支持互动。

旅游学领域中关于旅游体验的研究,引发了学者对人际交往互动的关注。旅游体验是旅游个体通过与外部环境的交往获得的,既包括人与物的互动,也包括人与人之间的互动(谢彦君,2011)。从现有研究看,旅游活动中的人际交往互动较多探讨的是游客之间的互动(闫静,2015)、游客与目的地居民之间的交流互动(魏宝祥,2013)以及游客与服务者之间的互动(谢礼珊、关新华、Catherine,2015)等。对于家庭成员之间的互动研究主要在家庭旅游、亲子旅游、代际旅游等方面。例如,屈小爽(2018)通过对家庭旅游中的互动行为分析,构建了"互动行为—社会支持—体验价值"的关系模型,分析了家庭旅游者通过亲情互动、服务互动、社交互动和矛盾冲突,获取所需的工具性支持和关系性支持,进而在其功能性体验价值、认知性体验价值以及情感性体验价值上的影响。张磊(2008)通过对亲子旅游的研究,发现旅游中的代际互动行为主要表现在父母通过旅游活动达到对未成年子女进行教育、学习的目的。从上述研究可知,家庭旅游、亲子旅游中的家庭互动行为有两个特点:一是互动主体都是旅游活动的亲身参加者,不包括未参加旅游活动的家庭成员;二是互动行为来自各类家庭成员,包括夫妻之间的互动、父母与子女之间的互动,没有专门对老年父母与成年子女之间的代际互动行为进行分析。

老年人旅游活动中的家庭代际互动既包括老年人与子女共同出游发生的互动,也包括与未同行子女间的交往互动。子女虽未与老年人同行,但在老年人旅游消费行为中充当了参与者的角色。旅游代际互动主要表现在两个方面:第一,旅游消费行为的代际冲突。冲突是一种过程,这种过程起始于一方感觉到另一方对自己关心的事情产生消极影响或将要产生消极影响(斯蒂芬·P.罗宾斯,2005)。例如,老年人出于健康、养生保健的旅游动机和补偿性消费心理,在旅游决策、消费购买以及体验评价上大都依据自身的生活经验与价值追求进行相关行为选择,这种选择偏好并不总是与子女的认知及态度保持一致,有可能触发亲子之间的分歧、冲突与对抗行为。第二,旅游消费行为的代际支持。老年旅游者在旅游活动中除获得来自成年子女对其的经济支持、情感支持(Allen & Bretman,1981;Middleton & Clark,2001;侯国林、尹贻梅、陈兢,2005)以外,由于在身体能力、知识水平、信息化技术应用等方面的局限,在其旅游决策、购买消费等环节上,某种程度上可能需要来自子女对其的工具性支持。家庭代际支持互动是一种双向的支持,还表现在老年父母将自己的旅游经历、情感经历与子女共享以及为子女购买礼物等物质分享的互动行为。

(2)旅游代际互动与幸福感的关系假设

众多旅游者幸福感研究表明,旅游过程中旅游者积极情感的获得得益于人与人的互动作用(McCabe,Joldersma,& Li,2010;Nawijn & Mitas,2012),这些积极情感可以带来较高的满意度和幸福感(Mitas,Yarnal,& Chick,2012;Song,Youngjoo,& Choongki,2013)。例如,高圆、陈小燕(2012)认为邮轮游客在旅游过程中,与他人的沟通互动和自我思考提升了幸福感水平。陈晔、张辉、董蒙露(2017)通过对团队旅游者的调查发现,积极的游客间互动和社会联结是旅游者主观幸福感的重要驱动因素。

老年人旅游消费行为的家庭代际互动主要包括代际冲突与代际支持两种形式,不同的互动行为对幸福感产生不同影响。代际冲突是双方感知的相互意见分歧且目标的实现受阻时反映的负性情绪的过程(Barki & Hartwick,2004),亲子双方在旅游消费行为上的认识、态度、价值观、行为或所追求目标产生矛盾、分歧和不一致时,对旅游者的情绪和心理产生压力,进而降低幸福感。代际支持是社会支持的一种形式,当前广泛认为个体获得来自他人和社会的物质上和心理上的支持就是获得社会支持(倪旭东、王勤勤,2018)。社会支持包括金钱、物质、信息、服务等有形援助,也包括关心、理解、鼓励、尊重、共情等情感和心理上的无形支持(宋佳萌、范会勇,2013)。社会支持不仅对人的健康水平和生活满意度有积极促进作用(杨化龙、鞠晓峰,2017),还对心理幸福感具有预测作用(周蜀溪,2013)。其中,感恩在社会支持与心理幸福感的关系中起到中介作用(Woodside,Joseph,& Malthy,2009;连灵,2017)。

综上,老年人旅游消费行为中有各种类型的家庭代际互动,冲突互动给旅游者带来消极的情绪、自我需求实现的失败,生活上的失意;代际支持则使旅游者获得积极的情感、对家庭环境的控制感、生活目标的实现,对旅游者的身心健康、生活满意度、家庭和谐和社会整合都具有积极的促进作用。不同的旅游代际互动与旅游者幸福感的感知有密切的联系。因此,本书提出如下假设:

假设 2:旅游代际互动与幸福感有显著关系。

假设 2a:旅游代际冲突互动对幸福感有显著的负向影响。

假设 2b:旅游代际支持互动对幸福感有显著的正向影响。

2.4.4　旅游代际互动的中介作用

老年人旅游体验、代际互动和幸福感三者是一个连续的统一整体。老年旅游者在旅游过程中的体验与感知,会引发其与成年子女的互动交流,积极的旅游体验将提升互动性和参与度(Mitchell & Mitchell,2001)。成年子女也会给予不同形式的互动回应,冲突或支持互动将进一步影响老年旅游者的幸福感。因此,旅游代际互动是将三者进行联系的纽带。

旅游研究领域中探讨旅游体验与旅游互动行为的关系时,一般都将旅游互动行为作为旅游体验的前置变量,普遍认为旅游互动行为是旅游体验生成的途径。如谢彦君(2011)提出了旅游体验的 3 条实现路径,包括旅游观赏、旅游交往和旅游消费。武虹剑、龙江智 (2009)等进一步认为旅游体验生成的关键在于旅游者与旅游场之间的互动,并通过研究发现旅游审美、旅游认知、旅游交往、旅游模仿、旅游中的游戏和娱乐等 6 种途径生成了旅游体验。实际上,旅游消费行为中发生的人际互动和关系,既是旅游体验的重要组成部分,也是旅游体验引发的结果,尤其在家庭场域中发生的旅游代际互动行为,不同于旅游者在旅游地的互动、旅游主客互动和游客间互动,这种代际互动行为和旅游体验紧密相关,且是旅游体验引发的一个结果变量。已有研究证实了旅游体验将促进旅游者互动行为的发生,且积极的旅游体验会提升旅游者积极的互动行为(Chen & Chen,2010),虽未直接显示是代际互动,但也一定程度上说明了旅游体验可以作为旅游代际互动行为的引发因素。兰德尔·柯林斯(2004)在互动仪式链理论中指出,人际互动是基于一定的情境,人们为了自身的需求或获得新的情感能量而进行的交流互动。一方面,旅游体验提供了老年旅游者与其子女进行对话、交流的情境,如由于代际双方对旅游体验感知的差异,发生分歧或冲突互动,或某一方对旅游体验的积极感知,促使另一方对其在情感、工具上的支持互动。另一方面,根据文献对旅游者幸福感的分析,旅游者幸福感具有多维属性,从本质上看,幸福感反映了旅游消费行为带给旅游者在主观、心理和社会层面的价值意义,是旅游者追求的目标。大量研究证明旅游者积极情感、主观幸福感的提升来自人际的良好互动和沟通,并对心理幸福感有一定的预测作用。中国家庭特别重视亲子之间的互动与关系,代际双方相互的认识、价值观和情感因素作用日益重要,尤其是双方对某一行为事件的看法和态度,及其产生的冲突与对抗、认同与支持等互动行为,直接影响双方对该行为事件的总体体验和幸福感感知。

因此,老年旅游者的旅游体验能否对其幸福感产生影响,以及产生何种影响,归根结底在于旅游体验引发了何种代际互动以及形成了怎样的感知特征,从而影响其幸福感。根据上述分析,本书提出如下假设:

假设 3:旅游代际互动在老年人旅游体验与幸福感之间起中介作用。

假设 3a:旅游代际冲突互动在老年人旅游体验与幸福感之间起中介作用。

假设 3b:旅游代际支持互动在老年人旅游体验与幸福感之间起中介作用。

2.4.5 孝道行为的调节作用

(1)孝道及其特征

孝道是儒家传统社会的基石。在中国、韩国、日本和其他受儒家文化影响的亚洲国家社会,孝道一直是一种基本的制度化文化规范。它通过一个复杂的价值体系塑造了父母和孩子之间的代际互动行为,这个价值体系定义了他们之间的联系和义务。例如,孝道要求已婚子女在满足父母的各种需要或愿望时,无私地为父母服务,包括身体上的照顾,社会心理上的安慰,在重要的家庭和个人事务上尊重和咨询父母,通过子女的杰出成就来尊敬和荣耀父母,以及在重要的仪式场合(如祭祖、父母结婚纪念日或生日)上的忠实遵守(Sung,1990)。

在西方家庭中,孩子在未成年时由父母抚养长大,但成年后不再有赡养父母的义务(Bengtson & Martin,2001;Jiang,Li,& Fang,2018)。换句话说,父母通常是为子女提供支持,而不是从子女那里获得支持。在西方国家进行的研究也表明,获得成年子女的帮助可能导致老年人的生活满意度降低(Lowenstein,2007)。相反,中国传统价值观强调孝道,它要求孩子尊重、关心和孝敬父母(Chen,2010;Croll,2006)。这种美德还体现在子女对老年人的经济支持、生活照料和精神安慰方面(张文娟、李树茁,2005),并且成年子女对老年人的经济和情感支持负有首要责任。

当前,孝道逐渐呈现出弱化的特征。在传统的孝道精神中,成年子女被期望在父母年老时照顾他们的父母(Liu & Kendig,2000)。一些研究表明,年轻一代仍然愿意尊重和照顾年长的父母(Ting,2009),表明这些代际互动的质量高。然而,由于现代化和社会变革,年轻一代对孝道的坚守已经开始减弱(Ikels,2004)。例如,已有研究发现,两代人之间的情感亲密程度较低,缺乏价值观和态度共识(Chan,2017)。

(2)孝道对代际互动行为的调节作用

受儒家文化影响,孝道作为一种基本的制度化文化规范,塑造并调适亲子之间的代际互动行为。叶光辉、杨国枢 (2009)在《中国人的孝道:心理学的分析》一书中指出,孝道行为可以分为权威孝道和互惠孝道两种形式,在内涵及运作功能上表现出明显的差异。

权威孝道遵循的人际互动原则是儒家思想中的"尊尊"原则,即强调子女陪伴、尊重和支持年长的父母,主要体现在对老年人的经济、情感、生活照料等方面的支持。相关研究证实了通过权威孝道,成年子女将从生活照料、经济、情感(孙涛,2015;张文娟、李树苗,2005)等方面支持老年父母,同时出于孝道的责任,成年子女将支持父母视作为一种义务(熊波、石人炳,2016)。

互惠孝道遵循的人际互动原则是儒家思想中的"亲亲"原则,即强调各代之间的"父慈子孝"式的互动,主要体现在亲子间的双向支持。互惠孝道表现为子女与老年人之间和谐的代际关系(刘桂莉,2005)。父母与成年子女之间良好的互动是老年人重要的社会、心理和经济支持(Aziz & Yusooff,2012),这种行为会影响家庭对老年人的社会支持。Santarelli 和 Cottone(2009)认为强有力的代际互动可以提供强有力的家庭支持。此外,家庭代际关系质量的提高与老年人感知到的显著的社会支持互动相对应(Do & Malhotra,2012)。当前,中国城市家庭代际互动更多的是受互惠性孝道观念的影响(石金群,2016),互惠孝道能促进家庭各代间的情感联系(刘汶蓉,2012)。

由此可见,孝道对家庭代际互动行为具有一定的调适作用,可以调节亲子之间代际冲突或代际支持行为发生的可能性和强弱度,进而影响幸福感。因此,本书提出如下假设:

假设 4:孝道行为在旅游代际互动与幸福感之间起调节作用。

(3)孝道的测量

目前,关于孝道的测量有许多相关的研究。Yeh 和 Bedford(2003)开发了"双孝量表"(Dual Filial Piety Scale,DFPS),将传统的权威与服从结合起来,并重新强调情感与互惠。DFPS 提出了孝道的两个基本方面:权威的孝道,指一个不对称的亲子关系,强调子女们服从满足父母的要求和期望;互惠的孝道,指一个更加平衡的亲子关系,强调子女们"感恩和愿意偿还父母的关心和牺牲""满足父母的心理和关系的需求"。这项研究强调了孝道的情感和专制两个方面。但有研究表明,子女的孝道越来越取决于其能力和资源(Lam,2006),因此,DFPS 可能不能真正反映当代孝道的实践。也有研究指出，孝道不再被认为是一种权威的义务（Chow，2006），而是强调效用、效率、个人选择和务实妥协的子女与父母之间的代际交流（Lee ＆ Kwok，2005）。Ting（2009）进一步认为，虽然照顾和尊重老年父母被视为一种令人满意的孝顺行为，但在实践中这种行为的履行具有情境性和象征性。尤其是在当代中国社会，亲子之间的沟通、同理心、同情心以及相互依赖、相互支持更加凸显出平等和功利的孝道表现（Ho，Leung，＆ Tse，2013），这些变化是现有的测量工具无法捕捉到的。Lum 等（2016）基于这种现代化和社会变革的大背景，依据中国社会的孝道经历和实践发生的变化，开发了包括语用义务、崇敬尊重和家庭连续性 3 个维度的当代孝道 10 项量表（CFPS-10），该量表清楚地表明了当代孝道从权威到互惠的亲子关系的范式转变，强调了基于个人能力和资源的孝道实践，反映了孝道行为模式的改变。

虽然孝道的测量工具逐渐被开发出来，但这些工具大都用来衡量孝道的表现，例如态度（价值观）、期望和实际行为，以及社会中普遍存在的社会规范（Fu，Xu，＆ Chui，2018）。换言之，现有的孝道测量工具主要从社会期望的视角来实施和衡量子代对孝道的态度和行为原则，这些描述数据主要来自子代，可能带有一定的偏向性，实际上亲代同样具有对孝道行为诠释的期望。Fu 等（2018）进一步认为，孝道是一个与不同代相关的概念，包括老年群体和年轻群体，不同群体可能对孝的构成有不同的理解和标准，这将导致不同的行为和期望。由于现有的量表是为不同年龄的人量身定制的，一般公众或子代孝道的量表可能不适用于老年人，因此有必要开发一个有效可靠的量表，以适当地衡量中国老年人对孝道的理解。他们通过对北京的 521 名 70 岁以上老年人的问卷调查，开发了中国老年人孝道量表（FPSCE），得到了"关爱父母""家庭整体""家庭期望"等 12 个项目组成的三因素模型，研究结果表明老年人对孝道的理解和对子女的期望可能发生了变化，即中国当代老年人对孝道的态度不那么权威，而是更加注重互惠。该量表准确地反映了当代中国孝道的变化。

需要说明的是，老年人是家庭和社会团结以及老龄化政策的主要利益相关者，从老年人视角理解他们对孝道的诠释，能够启发制定满足老龄化社会服务的政策指向。同时，本书也是从老年旅游者视角看待旅游代际互动行为，因此采用中国老年人孝道量表会更加合适。

2.5　研究述评与关系模型构建

2.5.1　现有研究的不足

通过以上文献梳理可见，老年人旅游体验、旅游代际互动、幸福感一直是国内外学者广泛关注的问题，但将三者结合起来的研究却比较少。新时代老年旅游者对旅游体验有什么样的感知特征？不同的旅游体验感知对幸福感有怎样的影响？旅游体验引发了怎样的代际互动？进而在幸福感上的表现如何？孝道发挥了什么作用？这些问题在已有的文献中没有很好的解释和回答。总的来说，现有文献存在以下不足。

第一，现有研究对旅游体验与幸福感的关系进行了探讨，但过于笼统，不能体现出不同类型旅游者的特殊性，对特定群体的旅游体验与幸福感的关系研究还较为缺乏。老年旅游者是一个特殊的消费群体，旅游体验的维度和内容需要进一步厘清，与幸福感的关系需要进一步深入研究。

第二，现有旅游者幸福感研究较多停留在主观幸福感的探讨，不能全面反映老年人旅游活动带来的更深层次的价值和意义。将主观幸福感、心理幸福感、社会幸福感进行整合的旅游幸福感研究也较为缺乏，更缺少实证支持，对旅游者幸福感理论研究与实践发展指导意义有限。因此，旅游者幸福感的评价体系需要不断地深化与创新。

第三，现有研究已经开始关注旅游互动行为，但较多地集中在游客间互动、游客与目的地居民互动以及游客与服务者互动的研究。关于旅游代际互动的研究较为缺乏，少量研究出现在家庭旅游、亲子旅游与代际旅游领域。更为重要的是，对旅游体验、旅游代际互动和幸福感三者之间的关系和影响机理还没有进行系统的分析。

2.5.2 关系模型构建

结合现有文献与相关理论,本书提出了上述研究假设,在分析老年人旅游体验、旅游代际互动、幸福感之间的内在逻辑关系的基础上,构建"旅游体验—旅游代际互动—幸福感"的关系模型(见图2.6)。本书拟以旅游代际互动的中介作用、孝道行为的调节为核心,探讨老年人旅游体验对幸福感的作用机制。

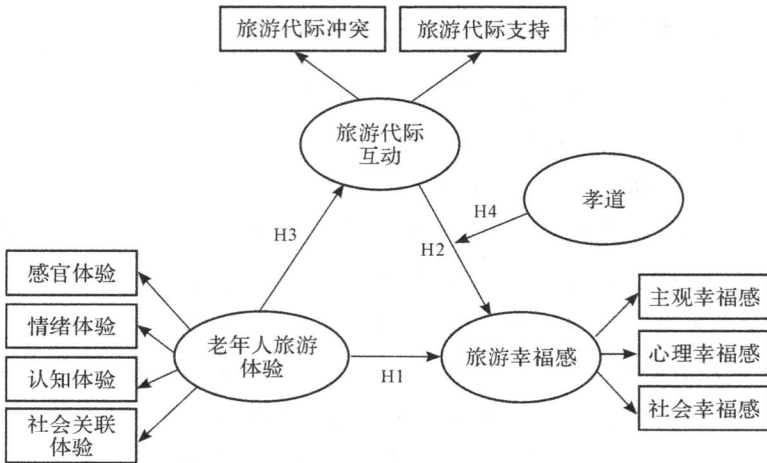

图 2.6　本书的关系模型

第 3 章
老年人旅游体验、旅游代际互动与幸福感的质性研究

　　本章以老年旅游者为主要研究样本,通过夫妻联合访谈、个人访谈等访谈法的交叉应用,收集老年人旅游体验、旅游代际互动行为、旅游幸福感等相关数据。了解受访者的旅游体验内容、质量与评价,旅游过程中代际互动行为的主体、发生过程、动因与结果,旅游幸福感感知特征与状况等,进一步明确旅游体验、代际互动、幸福感等变量的概念范畴及结构维度,以期对三者之间的关联有深入的理解,并对前文构建的关系假设和模型分析框架进行合理性分析,为构建测量指标、进行量表设计与实证分析奠定基础。

3.1 研究方法

本书采用混合研究方法,指在研究某个问题或假设时,同时或先后收集定性数据和定量数据开展分析和推断,适用于对某种社会现象或行为的研究(Creswell,2014)。这种综合应用定性和定量研究方法,可以为研究问题提供科学、可行的解决办法,跨越建构主义和实证主义研究范式之间的本体论和认识论的哲学假设差异,已日益得到研究人员的重视(Onwuegbuzie & Leech,2004)。本书从旅游代际互动的视角剖析老年人旅游体验、代际互动与幸福感之间的关系和影响机理问题,是基于中国传统文化情境和家庭代际场域特征的本土化研究,以往基于国外案例的理论模型并不一定能解释这一问题的复杂性和特殊性。因此,运用混合研究方法,可以帮助我们更深入地探讨和分析中国老年旅游者的旅游体验特征、互动特征以及幸福感追求。

本章首先通过质性研究获取定性数据,考虑到老年人群体的年龄、身体、心理以及家庭特征,选择了深度访谈作为获取定性数据的主要方法。通过设计访谈提纲、选取有代表性的访谈对象,综合运用夫妻联合访谈、个人访谈等方法,收集相关数据、探索结构维度体系,并对关系假设与模型进行合理性分析,为后文构建测量指标、设计量表、开展实证研究奠定基础。

3.1.1 样本选择

(1)抽样原则

第一,以家庭为抽样单元。根据老年旅游者居住方式特点,分别选择"空巢家庭即老年人独居"和"非空巢家庭即与子代同住"两类受访家庭。

第二,家庭成员结构分布合理原则。为全面揭示老年人旅游代际互动行为与旅游体验情况,本书尽可能涉及多样化的家庭成员结构类型,如老年人单人出游、老年父母二人出游、老年父母与成年子女共同出游、老年父母携孙辈出游、老年父母与成年子女携孙辈出游等。

第三,出游方式类型多样化原则。旅游代际互动行为具有情境依赖性,本书尽可能使样本具有代表性,抽样时覆盖出境游、国内游、自助游、团队游以及是否过夜等类型。

第四,出游经历离受访时间较近原则。本书需要受访者对以往旅游经历进行回忆,若受访时间与出游时间相隔太久,受访者可能会遗忘某些细节,情感与体验也会发生变化。同时,考虑新冠疫情对出游的影响,本书将出游时间距受访时间间隔限定在 12 个月内。

(2)样本获取

根据抽样原则以及前文对老年人年龄的界定,本书将访谈对象确定为近 12 月内有出游经历且年龄为 60 岁及以上的老年人。根据本书研究目的,需要了解受访者的旅游体验内容、质量与评价,旅游过程中代际互动行为的主体、发生过程、动因与结果,旅游幸福感感知特征与状况等内容,内容较多,需要研究人员与受访者进行较长时间的沟通,也需要受访者的理解与配合。因此,本书从笔者身边熟悉的家庭着手,同时通过同事、朋友介绍与推荐,获取合适的访谈样本。

3.1.2　数据收集方法

(1)深入访谈法

深入访谈法是质性研究通常采用的一种数据收集方法。研究人员通过对受访者的"交谈"和"询问"获取第一手资料(陈向明,2000),并了解和理解受访者的经历以及经历生成的意义。本书结合访谈对象特征,采用夫妻联合访谈、个人访谈等访谈方法进行深入访谈。主要原因如下。

第一,夫妻联合访谈是对一对夫妻同时进行口头谈话的研究性交谈,不仅可以节约时间与成本,同时提供了一个共同反思的空间,可以观察一对夫妻的行为以及他们在访谈情景中的互动,无论是在扩展和充实证据时还是在发生分歧时,都有助于生产丰富的数据。本书将夫妻联合访谈应用于对有共同出游经历的老年夫妻访谈,主要通过面对面访谈的方式进行。

第二,个人访谈是研究人员与受访者进行单独交谈而获取相关资料数据的方法,个人访谈可以弥补联合访谈在空间与独立性方面的劣势。本书将个人访谈应用于对单身老年旅游者的访谈,主要通过面对面访谈、网络访谈、电话访谈等方式进行。其中,网络访谈主要以微信视频、QQ 视频等形式,突破空间、时间和个人精力等方面的限制,技术上可行、时间上便利,受访者也比较容易接受和配合。

(2)访谈提纲设计

为了收集足够丰富的数据,保证访谈提纲的开放性,本书将提纲设计为半结构式深度访谈。本书邀请相关专家基于本书研究目标对具体的访谈提纲、访谈内容进行充分讨论,在征询专家意见的基础上,将访谈内容设计为以下两个部分。

第一,访谈对象背景信息及此次旅游的基本概况(见表 3.1)。包括姓名、性别、年龄、受教育程度、退休前职业、子女概况(子女数量,有无经济能力,是否有孙代,是否同住,每月经济支持,联系频率,情感亲密度)、出游时间、出游成员构成、出游方式、停留时间(是否过夜)、旅游目的地等。

表 3.1　访谈对象背景信息及此次旅游的基本概况

编号		姓名	
性别		年龄	
受教育程度		退休前职业	
子女概况		出游时间	
出游成员构成		出游方式	
停留时间(是否过夜)		旅游目的地	

第二,访谈大纲内容。根据屈小爽(2018)对家庭旅游互动行为与体验价值研究的访谈提纲,结合本书研究目标与专家意见,设计了 5 个方面的访谈内容(见附录一)。主要包括以下问题。

(1)您或您和家人这次出游的主要动机(目的)是什么?

(2)您对这次旅行有什么样的体验? 整体感觉如何?

(3)通过这次旅行您有哪些方面的收获、感受到哪些价值? 您认为此次旅游对您或您家人有什么样的意义?

（4）您和您的家人（包括同行和未同行）在这次旅行中（包括旅游前、中、后）有什么样的互动？这些互动的原因或目的是什么？有哪些互动行为让您感觉印象深刻，比如特别高兴、满意或特别生气、不满意的事件？请举例。

（5）您认为旅行中的这些互动行为，对您的旅行有什么样的影响？对您而言有什么样的价值和意义？

3.1.3　数据收集过程与样本情况

（1）数据收集过程

本次数据收集集中在 2020 年 8—9 月，历时近 2 个月。为保证访谈顺利开展，在开展访谈前，本书制定了详细的访谈方案和访谈记录。具体访谈时，以聊天的方式，让受访者在轻松的氛围中回忆出游经历，首先由受访者介绍自己的背景信息以及最近一次出游的基本情况，然后围绕此次出游经历，依次向受访者了解出游目的，旅游体验和收获，旅游的价值和意义，旅游前、中、后不同阶段与家人之间的互动，互动的原因与结果，互动对旅游产生的影响，以及旅游代际互动的价值和意义。访谈过程中，征求受访者的同意，进行了录音与详细记录。访谈结束后，将录音及时转化为文本材料，并逐字逐句进行整理。对于受访者用方言完成的访谈，还进行了反复校对，以确保访谈数据资料的准确性。

（2）样本基本情况

本书共对 18 个家庭、20 位老年旅游者进行了深入访谈，访谈文本字数约为 80000 字。访谈样本基本情况见表 3.2。

受访者中男性 8 人，女性 12 人；60—64 岁的 11 人，65—69 岁的 6 人，70 岁及以上的 3 人；小学文化程度的 5 人，高中文化程度的 2 人，大学专科或本科文化程度的 9 人，硕士及以上文化程度的 4 人；退休前职业类型较为广泛，涉及公务员、教师、医护人员、国企员工、公司人员、科研人员、工人、农民、个体工商户和自由职业者；不与子女共同居住的空巢家庭老年旅游者 15 人，与子女同住的老年旅游者 5 人。出游时间方面，近 1 个月内出游的 5 人，近 3 个月内出游的 8 人，近 6 个月内出游的 1 人，近 12 个月内出游的 6 人；出游成员

表 3.2　访谈样本基本情况

序号	访谈对象	年龄	文化程度	退休前职业	与子女居住方式	出游时间	出游成员构成	出游方式	旅游目的地
1	裘女士	65	本科	大学教师	同住	近 12 个月	与成年子女出行	国内游、自助游	苏州
2	徐女士	60	高中	自由职业	同住	近 1 个月	三代共同出行	国内游、团队游	台州
3	谷女士	63	大专	大学教师	同住	近 12 个月	仅与孙辈出行	出境游、团队游	日本
4	沈女士	62	高中	公司人员	同住	近 3 个月	夫妻出行	国内游、自助游	海南
5	王女士	62	小学	工人	同住	近 1 个月	夫妻出行	国内游、自助游	安徽
6	倪先生	61	硕士	大学教师	不同住	近 12 个月	夫妻出行	国内游、自助游	贵州
7	樊先生	69	大专	公务员	不同住	近 3 个月	三代共同出行	国内游、自助游	杭州
8	陈先生	67	硕士	大学教师	不同住	近 3 个月	三代共同出行	国内游、自助游	舟山
9	刘女士	62	硕士	大学教师	不同住	近 3 个月	夫妻出行	国内游、自助游	台州
10	陈先生	60	小学	农民	不同住	近 1 个月	三代共同出行	国内游、团队游	台州
11	刘女士	68	小学	公司人员	不同住	近 12 个月	三代共同出行	国内游、自助游	杭州
12	王先生	70	大专	国企员工	不同住	近 6 个月	与成年子女出行	出境游、自助游	日本
13	彭女士	60	大专	科研人员	不同住	近 12 个月	单人出行	国内游、团队游	海南
14	蒋先生	62	大专	公务员	不同住	近 12 个月	三代共同出行	国内游、自助游	北京
15	蒋女士	66	小学	农民	不同住	近 1 个月	夫妻出行	国内游、团队游	扬州
16	蒋先生	68	小学	个体工商户	不同住	近 1 个月	夫妻出行	国内游、团队游	扬州

续 表

序号	访谈对象	年龄	文化程度	退休前职业	与子女居住方式	出游时间	出游成员构成	出游方式	旅游目的地
17	陶女士	61	大专	医护人员	不同住	近3个月	单人出行	国内游、自助游	青海
18	徐先生	64	博士	大学教师	不同住	近3个月	三代共同出行	国内游、自助游	杭州
19	吕先生	82	本科	大学教师	不同住	近3个月	夫妻出行	国内游、团队游	杭州
20	高女士	77	大专	小学教师	不同住	近3个月	夫妻出行	国内游、团队游	杭州

构成方面,有 8 人是夫妻两人出行,有 2 人是与成年子女出行,有 7 人是三代共同出行,有 2 人是单人出行,还有 1 人是仅与孙辈出行;出游方式方面,有 18 人是国内游、2 人是出境游,12 人是自助游、8 人是团队游,且以 3 天以上的过夜旅游为主,旅游目的地覆盖江苏、浙江、海南、安徽、贵州、北京、青海及境外日本等地。总体来看,本书选择的访谈样本不管在个人背景信息方面,还是在出游经历上都较为丰富多样,能较好地反映出中国老年群体旅游的情况。

3.2 定性数据分析

3.2.1 数据分析步骤

本书通过深入访谈获得第一手数据资料,在反复阅读原始数据资料的基础上,按照开放式编码、轴心式编码、选择式编码的步骤对数据资料进行编码分析。具体步骤如下。

(1)初始文本分析

定性数据分析的第一步是反复阅读原始资料,即将收集到的数据资料作为"文本",采取一种主动"投降"的态度,把自己有关的前设和价值判断暂时悬置起来,让资料自己说话(陈向明,2000)。通过对初始文本的反复阅读与分析,对资料内容进一步熟悉与了解,为后续进行编码分析奠定基础。

(2)数据编码分析

编码是定性数据分析中重要的工作。本书通过三级编码过程,在数据资料中寻找与研究主题有关的词语或语句及其表达的概念和命题,获得概念与概念之间的联系,以及与研究问题有关的各类关系和意义模式(陈向明,2000)。在此基础上,进一步对前文构建的关系假设和模型分析框架进行合理性分析。

第一,开放式编码。又称初始编码,即将收集的资料打散,赋予概念和意义,再以新的方式重新组合在一起的操作化过程,其目的是从资料中发现概念类属,对类属加以命名,确定类属的属性和维度(陈向明,2000)。为使初始编码过程更加科学合理,本书邀请社会学、心理学专业的两位博士共同参与编码,对资料内容分别进行逐字逐句的登录,并对提炼的概念类属进行反复比较与分析,直至达到饱和,即数据资料不再能产生新的理论见解和不再能揭示核心理论新的属性时为止(凯西·卡麦兹,2009)。

第二,轴心式编码。又称关联式编码,即对初始编码形成的概念类属进行关联性分析和重新归类,发现和建立概念类属之间的各种联系(陈向明,2000),换言之,使用开放式编码的类目寻找更具分析性的概念(艾尔·巴比,2009)。当每一组概念类属之间的关系建立以后,进一步区分主要类属和次要类属,通过不断地比较和分析,将主要类属和次要类属之间的关系进行联结(陈向明,2000)。

第三,选择式编码。又称核心式编码,即对所有已发现的概念类属进行系统分析后选择一个"核心类属",这个核心类属具有统领性,可以将所有的类属串联起来(陈向明,2000)。选择式编码的具体步骤是:(1)明确资料的故事线;(2)对主要类属、次要类属及其属性和维度进行描述;(3)检验已经建立的初步假设,填充需要补充或发展的核心类属;(4)挑选出核心概念类属;(5)在核心类属与其他类属之间建立系统的联系。

通过对定性数据资料的三级编码过程,对老年人旅游体验、代际互动、幸福感的结构维度,以及三者之间的内在逻辑关系进行系统分析,同时进一步评估前文构建的关系假设和模型分析框架的合理性。

3.2.2　数据编码分析结果

(1)初始编码结果

在开放式登录中,采用纵横向不断比较的方法对访谈数据进行逐字逐句的分析,并对初级本土概念进行逐一甄别与核对,最终提取出一级编码概念。其中,旅游体验类目共提取 63 个编码,用"A+序号"表示(见表 3.3);旅游幸福感类目提取 42 个编码,用"B+序号"表示(见表 3.4);旅游代际互动类目提取 42 个编码,用"C+序号"表示(见表 3.5)。

表 3.3　老年人旅游体验初始编码示例

文本数据(节选)	初始编码
景点人比较少,也比较安静;疫情以后,人少了不少,来的人现在像候鸟一样,就是人太多;景点比较集中,便于游客游玩,自然资源非常丰富;自然风光环境好;跑了那么多地方,真正的风景其实是中国好;风景还是蛮好的,空气还是蛮好的,整个风景还是感觉不错;那边空气好,其他地方是疫情,有点不敢去;那边给我的感觉就是下雨特别多;旅游景点的向往,看日出、看日落,看云海、看晚上的星星;高速公路非常发达;乘高铁去的,6 个小时就到了,方便了,原来坐火车要一天两夜;服务设施这种都够,都方便;船上的活动场所比较多;瘦西湖这个地方还可以,公园建设得不错;旅游点很高端,很干净;这个城市建设得不错,环境干净;去景区看了,应该说文明程度比较高的,总觉得抽烟的人、随地吐痰的人、丢垃圾这些都没有……	A01 旅游景点人少 A02 旅游景点人多 A03 旅游景点安静 A04 旅游景点比较集中 A05 旅游资源丰富 A06 旅游景点风景好 A07 旅游景点空气好 A08 旅游风景感觉不错 A09 旅游景点雨水多 A10 旅游景点让人向往 A11 旅游交通方便 A12 旅游设施方便 A13 旅游设施齐全 A14 旅游景点高端 A15 旅游景点干净 A16 旅游景点文明程度高
蛮放松地去玩,自驾游,开车也蛮放松的;出去呢,还是比较放松的咯;最大的感受就是身心的放松,抛开家里所有的琐事,就跟年轻人一样,就是开着车;自由行比较好,比较放松;感觉到比较安心、放心的一种过程;现在出去的话还是比较放心、安全;感受很好,很舒适的感觉;它 24 小时提供饮茶、稀饭、小点心,这样的一个环境让我有一种回家的感觉;又没什么压力;虽然带孩子,但感觉一点都不累;觉得一个人也不累,这个是关键;让自己感觉比较放松、心情愉悦;感到很好玩,很喜欢;我们这次出去还是很开心,玩得很开心;觉得很开心啊,因为山上有山上的风景,有野花,野趣很重;心情上也很愉悦;一个也没有高原反应,心情特别好;我一般不大出去的,这次带我去看了这么多东西,很高兴的;一家人在一起心情还是比较好的;挺享受的,因为这个地方酒店不错,有很多知名的酒店品牌企业;享受享受我们人生的快乐;比较神秘;见到了国家保护动物,让人蛮激动的;到了那边以后觉得有点兴奋的;一辆车里面又唱歌,又说笑,大家都很活跃的……	A17 旅游让人放松 A18 旅游让人轻松 A19 旅游让人安心 A20 旅游让人放心 A21 旅游让人感到安全 A22 旅游让人舒适 A23 旅游让人有回家的感觉 A24 旅游让人感觉没有压力 A25 旅游让人感觉不累 A26 旅游让人感到很好玩 A27 旅游让人开心 A28 旅游让人心情愉悦 A29 旅游让人高兴 A30 旅游让人享受 A31 旅游让人感受神秘 A32 旅游让人激动 A33 旅游让人兴奋 A34 旅游让人活跃

续　表

文本数据（节选）	初始编码
对旅游服务印象比较好；感受比较亲切温暖；很亲切，导游他们都很好；服务人员很热情；对我们很亲热；导游讲解得很清楚，每个景点走得很全面，对我们像贵宾一样；像家庭一样的会客厅非常吸引人，下次来我还想到这个酒店住；促进了大家之间的沟通，使我们对他们的这个喜怒哀乐或者说对他们的爱好有更深刻的实质的了解；平常难得在一起，一家人出去一起走一走很好；享受到了天伦之乐一样；享受天伦之乐，感受他们的孝心……	A35 旅游服务让我印象好 A36 旅游服务让我感受到亲切温暖 A37 旅游服务让我感受到了尊重 A38 旅游设施让我感受到家庭温暖 A39 旅游拉近了我跟家人间的关系 A40 旅游促进了我跟家人间的沟通 A41 旅游让我感受到天伦之乐 A42 旅游让我感受到了子女的孝心
旅行还是安排得比较好，比较正确；觉得不虚此行；旅程安排得很合理；一些吃、住、生活、娱乐情况都比较合理；玩的时间很充足，反正你需求什么，都会马上给你满足，这个比较好的；这次收获很大，体验到了以前没见过的东西；大海从来没见过，这次看到了，知道和河流不一样，大海无边无际的；因为大海，心胸比较开阔；走玻璃桥，以前没去过，他们说很惊险的，但我去了后一点都不怕；玻璃桥景点真的很新鲜，以前没见过；过去感觉是非常穷的，到了那边后发现其实还可以；看到它的饮食习惯，存在很大的科学提升空间；了解了当地的饮食习惯，特别是饮食、菜系产生的渊源与地理环境有关；让我感觉到，虽然有落后的地方，但有些地方也很先进……	A43 旅游安排比较合理 A44 旅游决策是正确的 A45 旅游让我感觉不虚此行 A46 旅游需求容易满足 A47 旅游让我体验了没见过的东西 A48 旅游让我心胸开阔 A49 旅游让我增长对大海的认识 A50 旅游让我改变了原来的看法 A51 旅游引发我对饮食的思考 A52 旅游引发我对景点的比较

续　表

文本数据（节选）	初始编码
把整个环境都搞坏了；好像都商业化了，感觉没以前好；我们跑的地方多了，看看都差不多；没有特色，跟所有的旅游地方大同小异；推销太多，一直讲了 5 个小时，大家都没力气了；旅游有老年人年龄限制不合理；有些带保健品的旅游，价钱都很便宜；保健品旅游噱头很多的，特别容易上当；这个变化确实比较大，感觉体验到这种发展的成果；看到外面的风景很好，感觉国家建设得很好；我还能够安排和主导这次旅游，让我感觉我还有用；这么好的大好河山，实际上我们去的地方还是很少，条件允许的话也可以多跑几个地方，对大家心情有调节作用，出去转转心情可能会放开一点……	A53 旅游把环境破坏了 A54 旅游商业化了 A55 旅游景点没有特色 A56 旅游景点大同小异 A57 旅游中推销太多 A58 旅游价格便宜 A59 旅游容易上当 A60 旅游让我体验到发展的成果 A61 旅游让我感觉到国家建设得好 A62 旅游让我感觉自己还有用 A63 旅游引发我多到外面转转的想法

表 3.4　旅游幸福感初始编码示例

文本数据（节选）	初始编码
有时候我们自己开车旅游，体现着我们生活水平的提高；空余的时间，整个家庭出去旅游，其实蛮好的；原来上班的时候，工作比较紧张，现在退休以后么，每年能够走一走，看一看，也是好事情；适当的时候也要到外面走走；跟家里人出去旅游，整个过程都是一种情感的交流、时间的分享；在一起同吃、同住、同聊天，共同欣赏风光，这个对人生是非常重要的；旅游玩乐的乐趣么，大家一起享受，感受人生的更多滋味；不需要更多的语言，就会融合家庭成员之间的关系；三人住在同一个房间里面，很亲切、也很热闹，关系更加融洽；好像人需要吃饭、需要喝水、需要呼吸空气一样重要的，必备的一个人性的需求；对身心健康，心情放松，有帮助；感觉自己心情还可以；全程都是很有愉悦感的；旅游不管对目的地和旅游者来说，它是正向的；看看好的景色，照照相，搞点纪念，留点回忆，许许多多的花絮，可能我这一辈子都会拿来炫耀；我觉得安全、不劳累，比较值得的；什么时候还得再来一趟，感觉很累、提不起劲头；坐车时间太长了，比较累；家人多了，相对来说自由度减弱了……	B01 生活水平的提高 B02 对空余时间的安排 B03 情感的交流与分享 B04 共同吃住对人生重要 B05 感受人生的更多滋味 B06 融合家庭成员关系 B07 必备的人性需求 B08 对身心健康有帮助 B09 心情高兴 B10 愉悦感 B11 旅游是正向的 B12 留下回忆 B13 拿来炫耀 B14 比较值得 B15 再次旅游意向高 B16 很累，提不起劲头 B17 自由度减弱

续　表

文本数据（节选）	初始编码
个人成长，视野更加开阔；自己的一些自身的、精神上的、生活上的（方面）都会有一种进一步的提高；旅途中所发生的那些点点滴滴的事情，你会有更深的了解和理解；放掉世间的烦恼，有助于想通世间很多的道理；生老病死、自然界的种种，我个人觉得都是让人可以想清楚许多问题；旅游过程中还能体现自己的一些价值；让我找回来的一点青春的自我……	B18 个人成长 B19 自我进步和提高 B20 理解能力提高 B21 想清楚许多问题 B22 体现自己的价值 B23 找回青春的自我
通过这一天的奔波，你迅速地让自己回到了年轻状态，或者说回到了心里的那个隐形的状态；发现我还是一个"大活人"，一个能够跑、能够吃、能够获得良好心情的很积极的一个分子；我还能够安排和主导这次旅游，是驾驶车辆的主力；觉得老年生活并不如我们想象的那么单调、那么可怕，激发了我们健身的理念，要有一个很好的老年营养维护的理念；放下原来的一些琐事，更容易洽谈许多问题和沟通，家庭更和睦；感觉到自己在旅游当中还能够照顾小孩；我对我的家人，比如说对我的老母亲、姐姐姐夫们都会有很多的帮助，建议他们有可能的话要往外走；带他出去走走，我觉得运动一定是有好处的，可以改善他的心情，可以锻炼他的肌肉，可以增加他的胃口，改善他的营养；回来的时候我老公就说很羡慕我……	B24 回到年轻的状态 B25 自我的良好存在 B26 安排和主导能力 B27 激发了健身理念 B28 良好的家庭关系 B29 帮助他人 B30 改善他人的生活状态 B31 得到别人的羡慕
对社会的发展感觉比较有信心；社会肯定是向更加美好的方向去发展；感觉发展得比较快，建设得不错，文明程度是比较高的；社会的进步还是非常明显的，旅游市场的进步也是非常明显的；对社会发展来说，旅游对推动经济发展比较有利；风景旅游点的管理更加规范，不像以前那样乱哄哄；旅游将各地不同的东西做一个比较，将这种文化传播开去，肯定能互相融合、互相促进；以后的生活更加有活力；还想出去旅游，到那时候国家经济建设得更好了，比现在还好了；祖国建设的变化，感觉只是从微信上、报纸上、电视上看看还是不够的，要亲身体验一下，还要多跑跑，多看看；眼界开了以后，那么在自己生活当中或者是在群体当中，也都会多一些互相交流……	B32 对社会发展有信心 B33 社会将更好地发展 B34 社会更加文明 B35 社会进步明显 B36 旅游市场进步明显 B37 旅游推动社会经济发展 B38 旅游市场管理更加规范 B39 旅游促进地区的融合 B40 以后的生活更加有活力 B41 对以后旅游的向往 B42 增加社会交往

表 3.5　旅游代际互动初始编码示例

文本数据（节选）	初始编码
他们前面会做些功课，做些准备，去哪些地方看啊，规划一下子；女儿去搜索一下信息，特别是几点出发，开车路线怎么弄，对我们做的旅游计划，她也会帮助做出许多的调整；有时候我们自由行的话，碰到一些技术问题，那么有时候他们提供帮助；多数情况下，他们会倾听，比如说我的感受，他们会听听这种感受；她会关照我们的安全，慢慢走等；我们到哪里了，怎么样的情况，他们会及时地来问一下我们的安全；她也会从老年人的角度上来考虑，我们不应该开得太长时间，可以缩短一点，多增加一些休息点；我儿子说，如果空的话，也肯定跟我们一起去了；她会来感谢我们这样子的安排……	C01 成年子女做行程准备 C02 成年子女搜索旅游信息 C03 成年子女安排时间和路线 C04 成年子女帮助调整旅游计划 C05 成年子女帮助解决技术问题 C06 成年子女倾听父母感受 C07 成年子女关照父母安全 C08 成年子女考虑父母健康 C09 成年子女愿意陪同父母出游 C10 成年子女感谢父母的旅游安排
他鼓励我们，也是很支持我们去；我们不用出钱，也不要动脑筋的；儿子出钱出力，费用全部都是他的……在旅游过程之中呢，也会向孙子介绍一些自然界的情况，我们自己知道多少，向小孩介绍，也能够让他有所长进；跟小孙子说怎么样的礼貌，怎么样的待人接物；鼓励他们说可以把你们的孩子带到类似的地方去体验一下；小孩带出去的话，要经过他父母的同意；他们要去王府井大街，我们要去……肯定还是听她的，她说要去哪里，我们就去哪里；这个视频我把它拍下来，还有呢，就是我给孩子们拍了一些照片传给他们，跟他们分享；把纪念品、吃的东西都会带回来，给大家一起分享……	C11 成年子女鼓励和支持父母出游 C12 成年子女出钱支持父母出游 C13 老年父母向孙代介绍景点 C14 老年父母向孙代传授知识 C15 老年父母向子女传授旅游知识 C16 老年父母征求子女意见 C17 老年父母听从子女意见 C18 老年父母向子女分享旅游经历 C19 老年父母带当地纪念品给子女 C20 老年父母带当地食品给子女

续　表

文本数据(节选)	初始编码
行程安排这些大家都商量好;出游以前要商量;我们一起商量,大概意见一致就出去了;一些好的景点,大家就要合影;碰到哪个景点好的时候,大家说这里拍个照,合影一下;这个地方看上去,的确很有意义,我们就拍了一些照片;碰到开心的事情会在一起分享;每次提到,其中的一点想起来,互相分享一下这种感受;共同回忆一下这些风景,它的确是不错的;感觉今天的照片,哪个地方不错,所以也会交谈一下;相互之间对这些地方发表一些看法,感觉怎么样,相互之间做些交流;我们都是相对来讲比较客观地发表这次旅游是成功的、还是半成功、还是不成功,做出一个评价;活动一般我们有时候也一起参加;我们互相照顾的,比如说小孩子比较小,那么你抱抱,我抱抱;如果有一点不一致,也是没关系的,有的时候可能我们迁就一下,有的时候么子女迁就一下;为了让这种旅游活动能持续下去,大家对组织者给予充分的鼓励和肯定……	C21 互相商量行程安排 C22 出游前互相商量 C23 意见一致后出游 C24 在好的景点共同拍照合影 C25 在有意义的景点共同拍照 C26 开心的事情一起分享 C27 互相分享感受 C28 共同回忆旅游经历 C29 共同评价旅游经历 C30 共同参加活动项目 C31 互相照顾和帮助 C32 互相迁就 C33 对组织者进行鼓励和表扬
年轻的和年龄大的感受差异是比较大的;每个人的这个社会感知度也不一样,老人相对被动一点;对景点他们会发表他们的不同看法;我们感觉这个地方不错,但他们感觉这个地方不是那么令人满意,对景点的总体评价可能大家不一样;他反对我们在旅游中买保健品,这个我们自己会注意的,用不着他来关心的;我儿子要发火,我们吵架都吵的,有几次过了,吵得很厉害;还有他们也不怕累,晚上又去玩了,我们也就不去了,以看电视为主,大家之间存在不一致的地方;这个矛盾蛮深的,肯定心情不好,反对了么,也随他去,我们又不是用他的钱,偷偷摸摸地买,瞒着他的……	C34 对旅游感受的差异较大 C35 社会感知度差异大 C36 对景点发表不同看法 C37 对景点的评价不一致 C38 父母不用子女关心 C39 子女与父母吵架 C40 旅游中行动不一致 C41 子女反对购买保健品 C42 父母瞒着子女购买保健品

(2)关联式编码结果

在关联式登录中,对初始编码形成的概念类属进行关联性分析和重新归类,并进一步区分主要类属和次要类属,从中发现和建立概念类属之间的各种联系,合并相同类属概念,最终提取出二级编码概念。其中,旅游体验类目共提取16个次要类属,编码为"A－小写字母＋序号",合并为5个主要类属,用"A－小写字母"表示(见表3.6);旅游幸福感类目提取10个次要类属,编码为"B－小写字母＋序号",合并为3个主要类属,用"B－小写字母"表示(见表

3.7）；旅游代际互动类目提取 15 个次要类属，编码为"C—小写字母＋序号"，合并为 2 个主要类属，用"C—小写字母"表示（见表 3.8）。

表 3.6　老年人旅游体验关联式编码

初始编码	关联式编码 （次要类属）	关联式编码 （主要类属）
A01 旅游景点人少；A02 旅游景点人多；A03 旅游景点安静；A04 旅游景点比较集中。	A-a1 旅游景点空间体验	A-a 感官体验
A05 旅游资源丰富；A06 旅游景点风景好；A07 旅游景点空气好；A08 旅游风景感觉不错；A09 旅游景点雨水多；A10 旅游景点让人向往。	A-a2 旅游自然风光体验	
A11 旅游交通方便；A12 旅游设施方便；A13 旅游设施齐全；A14 旅游景点高端；A15 旅游景点干净。	A-a3 旅游设施体验	
A16 旅游景点文明程度高。	A-a4 旅游景点人文体验	
A17 旅游让人放松；A18 旅游让人轻松；A19 旅游让人安心；A20 旅游让心放心；A21 旅游让人感到安全；A22 旅游让人舒适；A23 旅游让人有回家的感觉；A24 旅游让人感觉没有压力；A25 旅游让人感觉不累。	A-b1 放松舒适体验	A-b 情绪体验
A26 旅游让人感到很好玩；A27 旅游让人开心；A28 旅游让人心情愉悦；A29 旅游让人高兴；A30 旅游让人享受。	A-b2 愉悦享受体验	
A31 旅游让人感受神秘；A32 旅游让人激动；A33 旅游让人兴奋；A34 旅游让人活跃。	A-b3 新奇兴奋体验	
A35 旅游服务让我印象好；A36 旅游服务让我感受到亲切温暖；A37 旅游服务让我感受到了尊重；A38 旅游设施让我感受到家庭温暖。	A-c1 温暖尊重体验	A-c 情感 社交体验
A39 旅游拉近了我跟家人间的关系；A40 旅游促进了我跟家人间的沟通。	A-c2 沟通交往体验	
A41 旅游让我感受到天伦之乐；A42 旅游让我感受到了子女的孝心。	A-c3 亲情孝道体验	

续 表

初始编码	关联式编码 （次要类属）	关联式编码 （主要类属）
A43 旅游安排比较合理；A44 旅游决策是正确的；A45 旅游让我感觉不虚此行；A46 旅游需求容易满足。	A-d1 决策知觉体验	A-d 认知体验
A47 旅游让我体验了没见过的东西；A48 旅游让我心胸开阔；A49 旅游让我增长对大海的认识。	A-d2 成长收获体验	
A50 旅游让我改变了原来的看法；A51 旅游引发我对饮食的思考；A52 旅游引发我对景点的比较。	A-d3 自我反思体验	
A53 旅游把环境破坏了；A54 旅游商业化了；A55 旅游景点没有特色；A56 旅游景点大同小异；A57 旅游中推销太多；A58 旅游价格便宜；A59 旅游容易上当。	A-e1 旅游发展体验	A-e 社会关联体验
A60 旅游让我体验到发展的成果；A61 旅游让我感觉到国家建设得好。	A-e2 社会发展体验	
A62 旅游让我感觉自己还有用；A63 旅游引发我多到外面转转的想法。	A-e3 个体价值体验	

表 3.7 旅游幸福感关联式编码

初始编码	关联式编码 （次要类属）	关联式编码 （主要类属）
B01 生活水平的提高；B02 对空余时间的安排；B03 情感的交流与分享；B04 共同吃住对人生非常重要；B05 感受人生的更多滋味。	B-a1 生活状况满意，享受人生	B-a 主观幸福感
B09 心情高兴；B10 愉悦感；B11 旅游是正向的；B12 留下回忆；B13 拿来炫耀；B14 比较值得；B15 再次旅游意向高。	B-a2 心情愉悦，积极正向	
B16 很累，提不起劲头；B17 自由度减弱。	B-a3 低落情绪，消极感知	
B24 个人成长；B23 自我进步和提高；B30 理解能力提高；B31 想清楚许多问题。	B-b1 个人成长	B-b 心理幸福感
B18 体现自己的价值；B20 找回青春的自我；B21 回到年轻的状态；B26 自我的良好存在。	B-b2 自我认同	
B19 安排和主导能力；B25 激发了健身理念。	B-b3 独立自主与自我更新	
B22 良好的家庭关系；B27 帮助他人；B28 改善他人的生活状态；B29 得到别人的羡慕。	B-b4 积极人际关系	

续　表

初始编码	关联式编码 （次要类属）	关联式编码 （主要类属）
B32 对社会发展有信心；B33 社会将更好地发展；B34 社会更加文明；B35 社会进步明显。	B-c1 对社会发展的信心与期待	
B36 旅游市场进步明显；B37 旅游推动社会经济发展；B38 旅游市场管理更加规范；B39 旅游促进地区的融合。	B-c2 对旅游行业发展的感知	B-c 社会幸福感
B40 以后的生活更加有活力；B41 对以后旅游的向往；B42 增加社会交往。	B-c3 生活憧憬与社交向往	

表 3.8　旅游代际互动关联式编码

初始编码	关联式编码 （次要类属）	关联式编码 （主要类属）
C01 成年子女做行程准备；C02 成年子女搜索旅游信息；C03 成年子女安排时间和路线；C04 成年子女帮助调整旅游计划；C05 成年子女帮助解决技术问题。	C-a1 子女工具支持	
C06 成年子女倾听父母感受；C07 成年子女关照父母安全；C08 成年子女考虑父母健康；C09 成年子女愿意陪同父母出游；C10 成年子女感谢父母的旅游安排。	C-a2 子女情感支持	
C11 成年子女鼓励和支持父母出游；C12 成年子女出钱支持父母出游。	C-a3 子女经济支持	
C13 老年父母向孙代介绍景点；C14 老年父母向孙代传授知识；C15 老年父母向子女传授旅游知识。	C-a4 老年父母传授知识	C-a 代际支持互动
C16 老年父母征求子女意见；C17 老年父母听从子女意见。	C-a5 老年父母听取意见	
C18 老年父母向子女分享旅游经历；C19 老年父母带当地纪念品给子女；C20 老年父母带当地食品给子女。	C-a6 老年父母经历分享与物质分享	
C21 互相商量行程安排；C22 出游前互相商量；C23 意见一致后出游。	C-a7 共同商量行程和出游	
C24 在好的景点共同拍照合影；C25 在有意义的景点共同拍照。	C-a8 共同拍照留影	

续　表

初始编码	关联式编码（次要类属）	关联式编码（主要类属）
C26 开心的事情一起分享；C27 互相分享感受；C28 共同回忆旅游经历；C29 共同评价旅游经历。	C-a9 共同分享交流	C-a 代际支持互动
C30 共同参加活动项目。	C-a10 共同参与活动	
C31 互相照顾和帮助；C32 互相迁就；C33 对组织者进行鼓励和表扬。	C-a11 互相照顾与表扬	
C34 对旅游感受的差异较大；C35 社会感知度差异大。	C-b1 感知差异	C-b 代际冲突互动
C36 对景点发表不同看法；C37 对景点的评价不一致。	C-b2 意见分歧	
C38 父母不用子女关心；C39 子女与父母吵架。	C-b3 言语冲突	
C40 旅游中行动不一致；C41 子女反对购买保健品；C42 父母瞒着子女购买保健品。	C-b4 行动不一致或发生对抗	

（3）选择式编码结果

选择式编码的目标是对所有已发现的主要类属和次要类属进行系统分析后选择具有统领性的核心类属，并将所有类属串联起来。本书在初始编码和关联式编码的基础上，对老年人旅游体验、旅游幸福感、旅游代际互动的维度分别进行构建。后文还将对三者之间的关系进行分析，以进一步评估基于文献构建的研究假设和关系模型的合理性。

第一，老年人旅游体验维度构建。从定性数据分析来看，老年人旅游体验的内容主要集中在感官、情绪、情感社交、认知、社会关联等5个方面。感官体验是老年旅游者最直接的体验，是通过视觉、触觉、听觉等人的基本感官功能对旅游目的地自然环境和人文环境的感知，比如景点空间、自然风光、旅游设施、人文素质等。情绪体验是老年旅游者通过旅游活动感受到的心理变化过程，比如放松、舒适、愉悦、享受、新奇、兴奋等，是个体内心的一种心理体会。情感社交体验是老年旅游者对旅游中人、事、物的交往互动的情感理解，强调的是通过社交所获得的心理状态的主观感知，比如从旅游服务中感受到的温暖尊重、家人沟通交往中的亲情孝道等。认知体验是老年旅游者通过旅游认识外界事物的过程，是个体对旅游过程形成的判断、知觉、思考、感悟等，比如对旅游决策的知觉判断,在旅游中开阔视野、增长见识等成长收获,以及对旅游中相关事件的自我反思。社会关联体验是老年旅游者通过旅游将自己与外界社会相连接,这种体验往往将自己与整个社会、行业等相联系,比如对旅游行业发展、社会发展以及个体在社会中的价值等方面的感知。综上所述,本书认为"感官体验"(Schmitt,1999;何金璐、艾少伟,2021;沈鹏熠,2013)、"情绪体验"(Schmitt,1999;Wang,Chen,& Fan,2012;周晓贞、杨红英、刘晓石,2014)、"情感社交体验"(Kim,2014;王梦斌,2014)、"认知体验"(Schmitt,1999;高夏丽,2020)、"社会关联体验"(Schmitt,1999;沈鹏熠,2013)5 个维度构成了老年人旅游体验的内容,系统描述了老年旅游者在旅游过程中体验内容的多层次结构,较为全面地反映了老年人旅游体验的特点(见表 3.9)。

表 3.9　老年人旅游体验维度及内容

老年人旅游体验(A)	A-a 感官体验	景点空间(A-a1)、自然风光(A-a2)、旅游设施(A-a3)、人文素质(A-a4)
	A-b 情绪体验	放松舒适(A-b1)、愉悦享受(A-b2)、新奇兴奋(A-b3)
	A-c 情感社交体验	温暖尊重(A-c1)、沟通交往(A-c2)、亲情孝道(A-c3)
	A-d 认知体验	决策知觉(A-d1)、成长收获(A-d2)、自我反思(A-d3)
	A-e 社会关联体验	旅游发展(A-e1)、社会发展(A-e2)、个体价值(A-e3)

第二,老年人旅游幸福感维度构建。旅游者幸福感是旅游者在旅游活动中因体验生发的,包括主观幸福感、心理幸福感和社会幸福感 3 个层面的综合感知。从定性数据分析来看,老年旅游者幸福感在这 3 个方面都有所体现。主观幸福感是老年旅游者通过旅游引发的对生活质量或生活满意程度的整体性认知评价,并由此产生的积极或消极情绪,比如对生活状况的满意度、心情愉悦等积极正向情绪,以及相反的低落负向情绪等。心理幸福感是老年旅游者通过旅游感受到的自我潜能的实现状态,比如个人成长、自我认同、独立自主、自我更新以及积极的人际关系等体验要素。社会幸福感是老年旅游者通过旅游而引发的与社会和他人之间的联结关系,比如对社会发展的信心和

期待、对旅游行业发展的感知，以及自身对生活的憧憬和社会交往的渴望等。通过质性分析，本书认为"主观幸福感"（Gilbert & Abdullah，2004；Lu，2015；妥艳婍，2015）、"心理幸福感"（Arnould & Price，1993；Noy，2004；Wilson & Harris，2006；妥艳婍，2015）、"社会幸福感"（Keyes，1998；廖翼曼，2018；王小欢，2016）3 个维度是老年人旅游幸福感的 3 个不同侧面，共同构成了其整体的旅游幸福感感知（见表 3.10）。

表 3.10　老年人旅游幸福感维度及内容

老年人旅游幸福感（B）	B-a 主观幸福感	生活状况满意和享受人生（B-a1）、心情愉悦和积极正向（B-a2）、低落情绪和消极感知（B-a3）
	B-b 心理幸福感	个人成长（B-b1）、自我认同（B-b2）、独立自主和自我更新（B-b3）、积极人际关系（B-b4）
	B-c 社会幸福感	对社会发展的信心和期待（B-c1）、对旅游行业发展的感知（B-c2）、生活憧憬与社会交往（B-c3）

第三，老年人旅游代际互动维度构建。从定性数据分析来看，老年人旅游过程中既发生了代际的支持行为，也有一定的冲突互动发生，这与文献中所述的基本一致，但在具体的内容呈现上，细节更加丰富，结构层次更为明显。其中，代际支持互动主要包括 3 种形式：一是老年旅游者在旅游过程中获得来自成年子女的支持，比如经济支持、情感支持、工具支持；二是老年旅游者与其子女的积极互动，比如老年父母通过旅游向下一代传授知识、老年父母积极听取和征求子女意见、老年父母将旅游经历与子女分享、老年父母与子女进行物质分享；三是亲子双方在老年人旅游过程中的双向支持行为，比如共同商量行程和出游、共同拍照留影、共同分享交流、共同参与活动、互相照顾与表扬。需要指出的是，本书着重关注由旅游体验引发的代际互动行为，因此老年人旅游代际互动维度聚焦在旅游中和旅游后两个阶段的互动行为。代际冲突互动的内容主要集中在以下 4 个方面：一是亲子双方的感知差异，比如在旅游过程的感受和社会的感知度方面都有所差别；二是亲子双方发生的意见分歧，比如对景点的不同看法与评价；三是亲子间的言语冲突，比如因为旅游中的某个事件和行为而发生的争吵；四是亲子间的行动不一致或对抗行为，比如在旅游中因双方体力、作息时间的不同而引发的行动不一致，由旅游消费的不同意见引发的对抗行为。这 4 个方面具有层次性和逻辑性，

认知差异导致的代际冲突往往是隐性的或者仅仅表现为意见分歧,但不一致或不相容的结果追求、价值取向引发的冲突则表现得更加突出,甚至使冲突进入显性层面。通过以上分析,本书认为"代际支持互动"(符国群、张成虎、胡家镜,2019;张磊,2008)、"代际冲突互动"(符国群、张成虎、胡家镜,2019;屈小爽,2018)两个维度构成了老年人旅游代际互动的内容(见表3.11)。

表 3.11　老年人旅游代际互动维度及内容

老年人旅游代际互动(C)	C-a 代际支持互动	子女情感支持(C-a2)、老年父母传授知识(C-a4)、老年父母经历分享与物质分享(C-a6)、共同拍照留影(C-a8)、共同分享交流(C-a9)、共同参与活动(C-a10)、互相照顾与表扬(C-a11)
	C-b 代际冲突互动	感知差异(C-b1)、意见分歧(C-b2)、言语冲突(C-b3)、行动不一致或发生对抗(C-b4)

3.3　研究假设和关系模型的合理性分析

本书在文献综述和理论基础部分已初步提出了研究假设,构建了关系模型。本部分基于定性数据,对相关假设和模型进一步开展质性分析,以评估其合理性,为后文研究奠定基础。

3.3.1　老年人旅游体验与幸福感的关系

老年人通过旅游活动的开展,获得感官体验、情绪体验、情感社交体验、认知体验以及社会关联体验等5个方面的旅游体验内容。旅游体验内容的差异性使老年旅游者获得不同的幸福感感知。

(1)老年人旅游感官体验与幸福感的关系

感官体验是老年旅游者通过感官功能对旅游自然环境和人文环境的直接感知。在旅游过程中,老年人积极的感官体验会获得正向的幸福感。

在研究中发现,旅游景点丰富的自然资源、较好的自然风光、便利的旅游设施、良好的人文素质环境等积极感官体验使老年人获得积极情绪、对当前生活状况的满意等主观幸福感。比如,在访谈中有老年人表示"旅游过程中,丰富的自然资源,让我感觉特别高兴,对身心健康、心情放松都有很大的帮助"(倪先生,61岁)、"看到好的景色,就会照照相、搞点纪念、留点回忆,一家人在一起就会心情特别好……看到祖国的大好河山,就感觉是在享受人生的快乐"(樊先生,69岁)、"山上有山上的风景,有一些野花,那种野趣很重。然后民宿呢,虽然还在改造当中,但是给我们的感觉还是很不错,卧室内的这种感受还是很OK的,很高端、很干净,让我觉得很开心啊"(刘女士,62岁)、"游泳池也好,音乐厅也好,可以带小孩看看电影,看看一些现场表演,在邮轮上我们玩的时间好像还是比较充足的,所以我觉得一个人也不累,这个是关键的"(谷女士,63岁)、"这次我们乘高铁去的,6个小时就到了,方便了,原来是要两夜一天坐火车……我们去景区看了,抽烟、随地吐痰、丢垃圾这些都没有,这一点我感觉是比较好的,文明程度高起来了,感觉非常不错"(蒋先生,62岁)。积极的感官体验还对老年旅游者的心理幸福感产生影响,主要表现在对自然环境的直接体验使自身得到个人成长上的收获。比如,有老年人谈道"通过切身体验祖国的大好河山,加深了自己的记忆和了解当地的一些文化,我觉得这个对我帮助比较大,应该说感性认识上面可能更觉得丰富一点"(陶女士,61岁)。此外,积极的感官体验有助于提升老年旅游者的社会幸福感,许多老年人表示当前社会整体形势好,并对社会的发展充满信心与期待。比如,在访谈中有老年人提道"看到外面的风景很好,感觉现在国家建设得不错,现在都这么好了,以后就更好了"(徐女士,60岁)、"这几年国家发展得很快,各种设施条件都很好,吃饭啦、道路啊、交通啊都很方便,体现着我们生活水平的提高么"(樊先生,69岁)。

(2)老年人旅游情绪体验与幸福感的关系

情绪体验中的放松、舒适、愉悦、享受、新奇、兴奋等个体内心的心理体会与主观幸福感维度中的心情愉悦、积极正向等积极情绪,以及享受人生、对生活状况的满意等生活满意度相对应。

在研究中发现,老年旅游者在旅游过程中所获得的放松舒适体验、愉悦享受体验、新奇兴奋体验有助于积极情绪的提升。比如,在访谈中有老年人表示"旅游中最大的感受就是身心的放松,身心的放松就是抛开家里所有的琐事,然后就是跟年轻人一样开着车,有说有笑是一方面,还可以听听音乐,讲一些我们关注的话题,比如针对老年人如何改善饮食结构才是合理的"(刘女士,62 岁)、"我就觉得放松了,因为平时觉得挺紧张的,出去以后完全放松了,好像没有平时的这种紧张的节奏感,就是放松,主要是放松"(彭女士,60岁)、"整个行程很顺利、很舒适,所以心情特别愉悦,待在家里反而觉得累……去看了可可西里,是一个比较神秘的地方,见到了国家保护动物,还是蛮激动的,还有点兴奋,总体让我感觉比较值得"(陶女士,61 岁)、"到外面去玩玩么,他们组织得蛮好的,一辆车里面又唱歌又说笑,蛮活跃的,让我们感觉很高兴、很开心,应该说比较适合老年人"(沈女士,62 岁)。在访谈中我们还发现,积极的情绪体验让老年旅游者感觉对当前生活状况较为满意,使老年人愿意与其他群体进行分享或拿来"炫耀",甚至对再次旅游意向也有一定的影响。比如,有老年人明确表示"跟我以前的同事、朋友说我这次去旅游的情况,他们很羡慕我,说我福气这么好的啦,我感觉很满意,生活很美好"(徐女士,60 岁)、"反正旅游玩乐的乐趣么,大家一起享受,感受人生的更多滋味,哈哈"(刘女士,68 岁)、"玩得非常的愉快,大家也觉得很值得来,甚至我们还打算什么时候再来一趟,再跑一圈,让我彻底地得到放松……旅游中发生的许许多多花絮,可能我这一辈子都会拿来炫耀,或者说在我脑子里留下深刻记忆"(陈先生,67 岁)。

(3)老年人旅游情感社交体验与幸福感的关系

情感社交体验是老年旅游者在旅游过程中与他人社交互动后所获得的情感感知。积极的情感社交体验不仅提升了老年旅游者的主观幸福感,同时也让其感受到自己与家人之间的积极人际关系,是一种心理上的满足感和幸福感。

在研究中发现,老年旅游者通过与服务提供者之间的互动获得的温暖尊重体验,极大地提升了其积极情绪。比如,有老年人谈道"导游他们都很好,让我感觉旅游服务比较贴心、亲切和温暖,如果以后有机会的话,还要再跟儿子、媳妇、一家人一起去"(徐女士,60 岁)、"他们对我们很亲热,服务也很到位,反正你需求什么,他都会给你马上就满足,这个是比较好的,所以你外出活动,他们来给你整理房间什么的,我们都很放心的……"(谷女士,63 岁)。值得注意的是,老年旅游者在旅游中与家人之间的沟通互动,让其感受到满满的亲情和孝道,这种体验不仅融合了家人之间的关系,更是老年人对天伦之乐的一种心理向往。比如在访谈中,有老年人提道"整个过程都是一种情感、一种交流,时间的分享,因为大家都拿出同样的时间,在一起同吃、同住、同聊天,欣赏风光。那么这个呢,实际上对人生是非常重要的,它不需要更多的语言,就会融合家庭成员之间的关系"(倪先生,61 岁)、"旅游促进了我们和女儿之间的沟通,也促进了我们和外孙的沟通,使我们对他们的这个喜怒哀乐或者说对他们的爱好有更深刻的实质了解……因为旅游使大家放下原来的一些琐事,把自己的眼光和心情调整到当天,使得更容易洽谈许多问题,让许多原来不愿意沟通的事项变得容易实现,有助于家庭的和睦啊"(陈先生,67 岁)、"通过旅游增强了家庭成员之间的感情嘛。我们平常是不住在一起的,共同旅游让我们有几个晚上一起住在宾馆里面,住在一个小房子里面,感觉到对家庭和谐帮助很大"(徐先生,64 岁)、"旅游中你可以随时与家人一起玩,品尝各个地方的美食、欣赏美景,所以我觉得这次旅游,就像享受了天伦之乐一样的"(谷女士,63 岁)、"反正一起出去玩玩,享受享受天伦之乐,享受享受他们的孝心,他们带我出去玩玩,都是很开心的"(刘女士,68 岁)。

(4)老年人旅游认知体验与幸福感的关系

认知体验是老年旅游者在旅游过程中形成的自我认知,是对旅游事件的判断、知觉、自我反思与感悟。这种体验与心理幸福感维度中的个人成长、自我认同、独立自主、自我更新、积极人际关系等相对应。积极的认知体验使老年旅游者获得较高的心理幸福感。

在访谈数据分析中发现,老年旅游者通过对旅游活动的积极反思与感悟认知,获得对独立自主能力、自我更新能力、自我认同及自我价值实现的心理满足感。比如,老年人表示"我还能够安排和主导这一次旅游,并且还是驾驶车辆的主力,让我找回来一点青春的自我,这让我更加坚信,旅游是有助于找回青春的自己……似乎通过车轮,通过一天的奔波,迅速地让自己回到了年轻状态,或者说回到心中那个隐形的状态"(陈先生,67 岁)、"通过旅游觉得老年生活并不像我们想象的那么单调、那么可怕。有些人会认为很恐惧,孤独嘛……却激发了我们健身的理念,因为我们要往外跑,要能开车,那眼力也要很好。另外,你要爬山,你就需要有适当的工具,所以我旅游回来以后,马上就买了那个登山杖"(刘女士,62 岁)、"我可以自己安排这样的一些活动,然后感觉自己在旅游当中就能够体现出我的这种存在或者我的这种价值在里面"(陶女士,61 岁)。此外,在研究中还发现,老年旅游者通过对旅游事件的知觉判断,获得个人成长和积极人际关系等心理幸福感。比如,有老年人提道"旅游对自己的精神面貌和生活状况,都会有一种进一步的提高"(谷女士,63 岁)、"旅游对老年人来说,有助于放掉世间的烦恼,有助于想通世界很多的道理,你会想清楚许许多多可能原来不那么清楚的问题"(陈先生,67 岁)、"我就会发现我还是一个大活人,一个能够跑、能够吃、能够获得良好心情的很积极的一个分子……我对我的老母亲、对我的姐姐们都会有很多的帮助,比如建议她们有可能的话要往外走,或者带她们出去走走,可以改善她们的心情,可以锻炼她们的肌肉,可以增加她们的胃口,改善她们的营养,那么对这个长寿来说,健康的长寿要比一般的长寿意义更大,应该是快乐健康的长寿"(刘女士,62 岁)。

(5)老年人旅游社会关联体验与幸福感的关系

社会关联体验是老年旅游者通过旅游获得对社会发展、行业发展以及个体在社会中的价值等方面的感知理解。积极的社会关联体验提升了老年旅游者的社会幸福感。

在访谈数据分析中发现,老年旅游者在旅游过程中对国家建设、旅游行业管理规范的积极体验提升了其对生活美好的憧憬、社会发展的信心以及个体再次开展旅游社交的意愿等社会幸福感感知。比如,有老年人谈道"你只要出去旅游,就可以发现跟几年前去的完全不一样,你会觉得道路畅通无阻,更加方便旅游的人,特别是方便老年人……风景旅游点的管理也更加规范了,不是乱哄哄的,是有人在那里进行更加科学、规范的管理,使得你会觉得这个社会的进步还是非常明显的,使我生活在中国更加有信心"(陈先生,67 岁)、"通过旅游将各地不同的文化传播开去,它肯定能互相地融合、互相地促进,社会肯定是更加地向美好的方向去发展,这个没有什么怀疑的"(倪先生,

61 岁）、"这个变化确实比较大，并且这几年国家建设更加快，看了以后呢，确实感觉到也是体验到了这种发展的成果……所以感觉到也有一种想法就是，条件允许的话也可以多跑几个地方的"（徐先生，64 岁）。

3.3.2 旅游代际互动与幸福感的关系

老年人在旅游过程中发生的代际互动行为包括代际支持和代际冲突两个方面。代际支持互动具有单向和双向两个维度，比如子女对老年旅游者单向情感支持，老年旅游者对子女进行知识分享、经历分享与物质分享，以及亲子两代在旅游过程中的共同分享、共同回忆、共同评价、互相迁就、互相鼓励等双向的支持互动。代际冲突互动包括亲子两代对旅游事件的感知差异、意见分歧、言语冲突、行动不一致或对抗行为。不同的旅游代际互动行为对老年旅游者幸福感产生了不同的影响。

（1）旅游代际支持互动与幸福感的关系

一方面，在研究中发现，子女在老年人旅游的过程中倾听老年人旅游的感受以及旅行中对其健康、安全上的关照提醒等情感支持行为提升了老年旅游者的积极情绪。比如，有老年人表示"如果他们感兴趣的话，他们会发表他们不同的看法，但多数情况下，他们会倾听，比如说我的感受，他们会听听这种感受，我就会感觉这次旅行是很值得的"（倪先生，61 岁）、"她会关照我们的安全，慢慢走……真的是很关心、很孝顺的"（裘女士，65 岁）、"我们到哪里了，怎么样的情况，他们会打电话来问一下我们的安全，这就是他们爱心的表达"（刘女士，62 岁）、"主要是她要求我报告一下，有没有高原反应，但是我在那边既不晕车又没有高反……她说只要老妈你开心，你就出去，开心和安全就可以了，真的是挺好的"（陶女士，61 岁）、"她也会从老年人的角度提醒我们开车不应该太久，可以缩短一点，多增加一下休息站"（陈先生，67 岁）。

另一方面，在访谈中发现，老年旅游者在旅游过程中充分认识到自己作为家庭长者，不仅向子代或孙代传授人生阅历知识，同时也将旅游经历以及旅游目的地的纪念品或食品带回去与子女分享。这种主动、积极的互动行为，不仅让老年旅游者感到心情愉悦，一定程度上也提升了其对自身价值的认同或一种良好的自我存在，获得心理上的满足感。比如，有老年人提道"我把视频拍下来,告诉他们这边对孩子的培养,有各种运动项目的训练,这么多的孩子在参与,鼓励他们也可以把孩子带到类似的地方去体验一下……还有呢,就是拍一些照片传给他们,就说这样的民宿是很值钱的,因为这个位置,明天早上如果有日出的话,不需要到山崖边去冒险,在房间里就可以看到风景,然后给他们一些示意图,告诉他们这个房间贵有贵的道理……他会觉得妈妈还是很有爱心,这个就是父母和子女之间的一种正常的感情沟通啊,也蛮好的"(刘女士,62 岁)、"我把东西带回来给他们、送给他们,他们也都是很开心,所以这样子的话,在感情上也就是一种联络,他们会觉得好像都是父母想着我们,那么他们出去的时候也会想到我们,就这样子,所以我觉得更加促进家庭关系的融洽"(谷女士,63 岁)。

此外,在整个旅游事件中亲子间的双向积极互动,诸如旅游中的共同参与活动、互相迁就、互相鼓励,旅游后的共同分享、共同回忆和共同评价,不仅让旅游活动变得顺利,也使老年旅游者的情绪和行为更为积极。比如,"我们蛮喜欢到一个地方就留个影,互相之间就是拍照,那么回来就发到微信群上,这些我们都会留下一些留念,就是我们一辈子的纪念了"(谷女士,63 岁)、"如果观点不一致,也是没关系的,有的时候我们迁就一下,有的时候子女迁就一下,总的来说大家都是互相照顾的"(蒋先生,62 岁)、"碰到开心的时候会在一起分享……每次提到其中一点想起来后,互相分享一下这种感受……共同回忆一下这个风景,它的确是不错的"(王女士,62 岁)、"相互之间对这些地方发表一些看法,感觉怎么样,相互之间做些交流……客观地发表这次旅游是成功的、还是半成功、还是不成功,做出一个评价……为了让旅游活动能持续下去,大家对组织者给予充分的鼓励和肯定,让大家更开心、更愉快,这个很重要"(倪先生,61 岁)。

(2)旅游代际冲突互动与幸福感的关系

一方面,在研究中发现,旅游过程中老年旅游者与子女之间也存在冲突行为。这种冲突使老年旅游者处于被动方,一定程度上降低了其积极情绪。比如,有老年人表示"我们感觉这个地方不错,他们感觉这个地方不是那么满意,对景点的总体评价可能大家不一样,为了照顾他们,我们就按照他们的方式,但相对来说自由度可能减弱了"(徐先生,64 岁)。

另一方面是因双方对旅游事件不同的价值取向,引发的言语冲突、行动不一致或对抗行为,这种直接的显性冲突,使老年旅游者不断地寻求心理平衡,一定程度上产生了消极情绪,且降低了旅游的期望值。比如,"他反对我们在旅游中购买保健品,这个我们自己会注意的,用不着他来关心……这个矛盾蛮深的,肯定心情不好,反对了么,也随他去,我们又不是用他的钱,偷偷摸摸地买,瞒着他的"(吕先生,82岁)、"我儿子要发火的,我们吵架都吵的,有几次过了,吵得很厉害……我们只能偷偷摸摸把保健品拿回家,但被他发现包装盒了,就开始大吵,心情弄得很差,好几天相互不说话"(高女士,77岁)、"他们体力比我们好,他们跑到1点钟、2点钟也没关系,我们就感觉有点累了,相对来讲,大家之间总是有不一致的地方……可能当下大家寻求一个平衡点,实际上在内心深处的话,想着下次可以自己去安排一下自己的这种行程,从价值意义上来讲,对这次旅游的期望值就下降了"(徐先生,64岁)。

3.3.3　旅游代际互动在老年人旅游体验与幸福感之间的中介关系

积极的旅游体验将提升旅游者的互动性和参与度。老年旅游者在旅游过程中的积极体验与感知,会引发其与子女的互动交流,不同的互动行为将进一步影响老年旅游者的幸福感。旅游代际互动在老年人旅游体验与幸福感之间的中介作用,在访谈数据中也有明确的体现。

首先,积极的感官体验引发亲子双方在旅游中开展共同拍照、共同回忆等支持互动行为,并提升了老年旅游者的主观幸福感。比如,有老年人表示"一些好的景点,或者说这个地方看上去的确很有意义,那么大家就要合影,回来以后我们把拍的照片拿出来欣赏,回忆一下这些风景,感觉的确是不错的"(裘女士,65岁)。其次,积极的情绪体验或情感社交体验引发子女对老年旅游者的鼓励与认可,使老年旅游者进一步提升了主观幸福感和心理满足感。比如,有老年人提道"这次我与媳妇、孙女三人住在同一个房间里面,很亲切,好像也很热闹、很高兴……回来后我们也经常在一起回忆,我儿子鼓励我们,也很支持我们去,他说这次因为他没空,如果空的话,也肯定跟我们一起去了……我很感谢我媳妇这次带我去,真的很满意"(徐女士,60岁)、"小孩子念念不忘的就是那些邮轮上的外国服务员对我们像家人一样的亲切和尊重,我儿子媳妇听了以后,他们觉得好像身在其境一样的,也感觉到了这种感觉,所以我说效果还是蛮好的……他们也比较主张,叫我们出去玩玩,不要一天到晚待在家里,他们还说希望我们多出去玩玩,心情都会开朗放松……这次旅游达到了我们的目的,觉得全程的话都是开开心心的"(谷女士,63 岁)。再次,积极的认知体验,尤其是老年人的自我反思体验,引发了子女对其的表扬和满意,进一步提升了老年旅游者的自我价值和自我认同等心理幸福感。比如,有位老年人表示"精心的旅游安排,会觉得自己付出了很多,可是我个人更觉得是得到的更多,比如说你找回自己不就是这样找回自己吗? 由别人来给你安排好还是由你去安排别人,这个是两回事儿,而事实是经过这样子的安排,小外甥和我的女儿都对这种安排很满意。最后都会对我说一句:哎,爸爸,很感谢您这样子的安排。这种成就感也是让我感觉找回了自我,并对未来旅游的向往有了更多的打算"(陈先生,67 岁)。最后,积极的社会关联体验,引发了代际互相分享旅游感受,不仅使老年旅游者感到心情愉悦、社会美好,而且进一步激发了老年旅游者增加社会交往的意愿。比如,有老年人谈道"北京是好几年没去了,去了以后感觉发展得比较快,我们到鸟巢去看看,大家交流起来都认为建设得不错。那么我们听了以后呢,心情也比较好,感受到祖国建设进步很大,觉得应该要跑一跑、看一看"(蒋先生,62 岁)。

此外,在访谈数据中发现,老年旅游者消极的旅游体验或与子女不同的旅游感知度和价值取向,会进一步引发子女的反对或冲突,从而降低老年旅游者的积极情绪。比如,有老年人表示"车坐得比较多,东西也吃不惯,感觉很累……组织了一个讲座,讲给我们听,就是现在比较流行的乳胶,一直讲乳胶,讲了 5 个小时,如果讲 2 个小时么差不多,5 个小时的话,大家都没力气了……我买了一只扬州有名的鹅,带回来给儿子、女儿吃,他们都说不好吃,让我以后别买了……这次旅游感觉累,赶来赶去,没有新鲜感"(蒋女士,66 岁)、"我们参加的保健旅游,说起来是以旅游为主,但需要购买保健品,强迫是不强迫的,但是他们噱头很多的,特别容易上当。说实话,我们儿子反对我们买保健品……知道我们出去旅游买了保健品……我儿子要发火的,我们吵架都吵的……心情弄得很差,好几天相互不说话"(高女士,77 岁)。

3.3.4　孝道对旅游代际互动的调节作用

权威孝道强调子女陪伴、尊重和支持父母,比如子女从经济、情感、生活照料等方面对父母提供支持,互惠孝道则强调代际的双向支持,比如子女与父母协商、共同分享等良好的支持互动。当前,一方面,子女的孝道越来越取决于其自身的能力和资源;另一方面,也更注重代际的效用和务实妥协。根据本特森(Bengtson)代际团结理论中"居住场所的远近""联系的频率""情感亲密度"以及中国老年人孝道量表中"询问安康""不同住时探望""经济支持治疗与照护"等内容,本书在定性访谈中向老年旅游者询问了"是否与子女同住""子女每月经济支持""子女每周联系频率""与子女的情感亲密度"等情况,以了解被访家庭的子女孝道行为。

在研究中发现,与子女不同住的 15 位老年旅游者家庭中,部分老年人与子女经济独立、日常联系频率较低,这一定程度上减少了旅游代际支持互动的发生。比如,"我们不住在一块……我们有退休工资的,他们也不需要来照顾我们……我们出去旅游,住了一晚,也没跟他们说,他们也不知道我们去旅游,他们住得远"(蒋女士,66 岁)。相反,在与子女同住的 5 位老年旅游者家庭中,不仅家庭关系和谐、家庭成员之间的价值观、态度与认知一致性较高,而且子女与父母情感紧密,彼此交流心事,同时也会在生活中与父母共同负担消费开支。比如,在访谈中老年人谈道"他们平常态度都很好,我们婆婆媳妇之间关系也很好,他们结婚到现在 13 年了,我们没有发生什么不愉快,真的都蛮好的,大家都客客气气"(王女士,62 岁)、"因为我们住在一起的,反正吃饭的时候大家聚在一起,平时休息的时候也在一起,经常彼此交流工作上、生活上、社会上的话题。因为在一起,所以在伙食开支上都是大家一起来消费"(谷女士,63 岁)。这些老年人在旅游过程中,代际的支持互动就更为积极,主要表现在旅游前子女会帮助父母做旅游计划、父母主动征求子女意见、共同商量旅游行程等,旅游中子女对老年人健康、安全方面的主动关照、共同参与旅游活动、互相分享旅游感受,旅游后共同回忆、评价旅游经历等方面,这充分说明孝道行为强化了老年人旅游代际支持互动。另外,如果子女在老年人旅游过程中顺从、尊重父母的选择,这一定程度上会弱化旅游代际冲突发生的可能。比如,有老年人表示"人嘛,想法都是多的,何况我们这样的年龄段相差那么大,大家的喜好和兴趣也会有不同……如果有多种形式可以选择,几种不同的诉求和价值都能照顾到,比如在这个过程当中,子女是顺应我们的,可能我会对这次旅行期望值或者幸福感就更高"(徐先生,64 岁)。

3.3.5　关系模型的合理性分析

综上,基于定性研究的结论,本书结合相关文献研究,系统地探讨了老年人旅游体验、旅游代际互动与幸福感之间的关系,并分析了旅游代际互动在老年人旅游体验和幸福感之间的中介作用以及孝道行为对旅游代际互动的调节作用,质性分析充分说明了前文提出的研究假设和关系模型是合理的。需要指出的是,老年人旅游体验内容增加"情感社交体验"维度,这是在质性数据分析中的新发现,因此重新汇总本书提出的所有假设(见表 3.12),并将关系模型修正如图 3U.1 所示。

表 3.12　本书的假设汇总

序号	假设内容
假设 1	老年人旅游体验与旅游幸福感有显著关系
假设 1a	积极的感官体验对旅游幸福感有显著的正向影响
假设 1b	积极的情绪体验对旅游幸福感有显著的正向影响
假设 1c	积极的情感社交体验对旅游幸福感有显著的正向影响
假设 1d	积极的认知体验对旅游幸福感有显著的正向影响
假设 1e	积极的社会关联体验对旅游幸福感有显著的正向影响
假设 2	旅游代际互动与旅游幸福感有显著关系
假设 2a	旅游代际冲突互动对旅游幸福感有显著的负向影响
假设 2b	旅游代际支持互动对旅游幸福感有显著的正向影响
假设 3	老年人旅游体验与旅游代际冲突互动有显著关系
假设 3a	积极的感官体验对旅游代际冲突互动有显著的负向影响
假设 3b	积极的情绪体验对旅游代际冲突互动有显著的负向影响
假设 3c	积极的情感社交体验对旅游代际冲突互动有显著的负向影响

续 表

序号	假设内容
假设 3d	积极的认知体验对旅游代际冲突互动有显著的负向影响
假设 3e	积极的社会关联体验对旅游代际冲突互动有显著的负向影响
假设 4	老年人旅游体验与旅游代际支持互动有显著关系
假设 4a	积极的感官体验对旅游代际支持互动有显著的正向影响
假设 4b	积极的情绪体验对旅游代际支持互动有显著的正向影响
假设 4c	积极的情感社交体验对旅游代际支持互动有显著的正向影响
假设 4d	积极的认知体验对旅游代际支持互动有显著的正向影响
假设 4e	积极的社会关联体验对旅游代际支持互动有显著的正向影响
假设 5	旅游代际互动在老年人旅游体验与旅游幸福感之间起中介作用
假设 5a	旅游代际冲突互动在老年人旅游体验与旅游幸福感之间起中介作用
假设 5b	旅游代际支持互动在老年人旅游体验与旅游幸福感之间起中介作用
假设 6	孝道在旅游代际互动与旅游幸福感之间起调节作用
假设 6a	孝道在旅游代际冲突互动与旅游幸福感之间起调节作用
假设 6b	孝道在旅游代际支持互动与旅游幸福感之间起调节作用

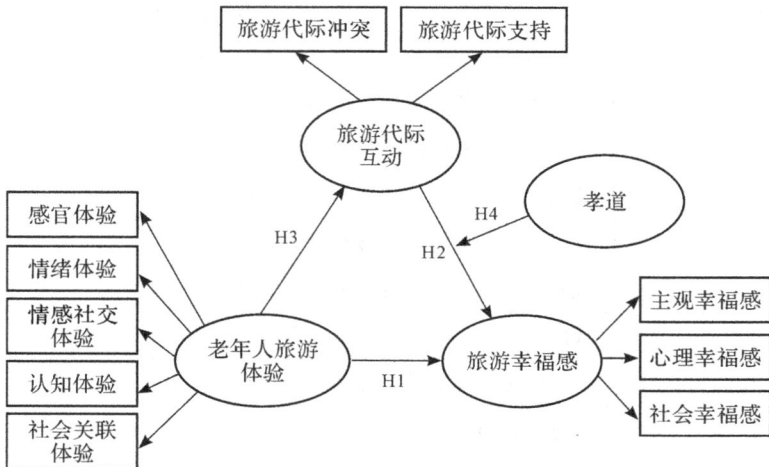

图 3.1　基于定性研究的关系模型修正

第 4 章
实证研究与模型检验

　　本章在现有文献、相关理论及质性研究的基础上，首先，明确老年人旅游体验、旅游代际互动、幸福感、孝道各变量定义及测量题项、设计量表并编制初始问卷，征询专家意见后形成修订问卷；其次，开展先导性测试，数据收集后进行信效度检验与净化测量项目，形成正式问卷；最后，开展正式问卷调研、再次收集与整理数据，进行信度、效度评估，并对构建的模型所提出的关系假设进行定量检验，对假设检验结果进行汇总。

4.1 实证方法

4.1.1 研究路径

本书通过问卷调查法、数理统计与结构方程模型,对老年人旅游体验、旅游代际互动与幸福感三者之间的关系和作用机制进行实证研究,主要步骤包括:量表开发与问卷设计、正式调研、数据分析、假设与模型检验和实证结果讨论(见图4.1)。

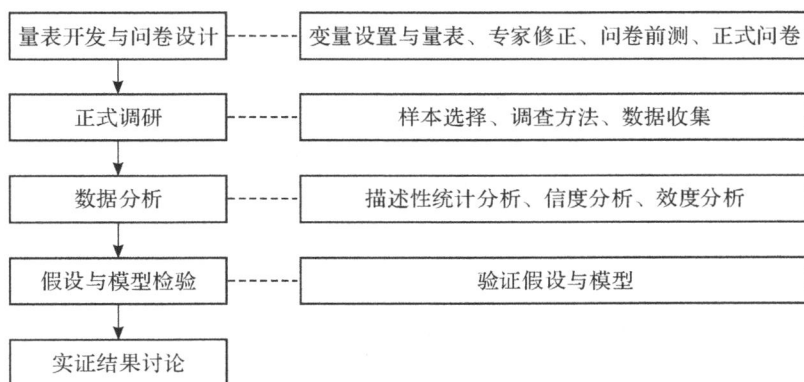

图 4.1　实证研究步骤

4.1.2 量表开发与问卷设计

问卷设计的科学性和合理性,关系到数据收集的质量及研究的效果,其中量表变量及测项是问卷的重要组成部分。Churchill(1979)提出,量表测项的生成有3种方法:一是使用以往研究开发的成熟量表;二是根据文献自行开发;三是通过与研究对象或专家的访谈进行归纳总结。一般来讲,使用以往研究开发的成熟量表,信度与效度较高,但需要结合研究问题进行修改调整,也可以通过访谈收集的第一手数据和资料自行开发量表(风笑天,2009)。

Churchill（1979）认为，量表开发可以归纳为以下几个步骤：第一，对量表变量的概念和内涵进行界定，将变量具体化；第二，结合相关理论、已有量表或在质性研究的基础上，设计变量及测量指标的具体问项；第三，开展先导性测试，收集数据；第四，进行信效度检验，剔除不合适的题项，净化测量项目；第五，再次收集数据；第六，评估量表的信度；第七，评估量表的效度。

本书依据 Churchill 的量表开发思路，按照科学、规范的流程设计量表与问卷，以确保收集数据的准确性和可靠性。具体有以下几个步骤（见图 4.2）。

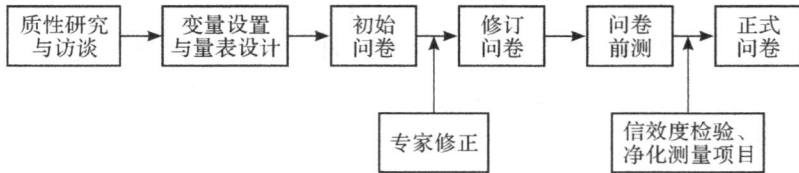

图 4.2 量表开发与问卷设计步骤

第一步，变量设置与量表设计，编制初始问卷。本书借鉴文献中关于旅游体验、旅游代际互动、幸福感、孝道行为的成熟量表，参考变量题项的设计，并结合相关理论和前文质性研究结果，对本书研究的变量进行定义与设置，设计各变量下的测量问项，形成老年人旅游体验、旅游代际互动、幸福感、孝道行为等 4 套量表。同时，采用李克特五级量表的指标评价方法，并增加问卷介绍和说明以及受访者基本信息问项等内容，形成初始问卷。

第二步，专家修正，形成修订问卷。邀请旅游领域相关学者专家对初始问卷的科学性和准确性进行讨论、审核与检验，重点在量表变量定义与设置、测量问项、问卷的语义表达等方面征询意见，在专家意见的基础上对问卷内容进行修订，形成修订问卷。

第三步，问卷前测，进行量表信效度检验后净化测量项目。为保障问卷的有效性，在大规模正式调研前进行小样本先导性测试，通过探索性因子分析（EFA）对量表数据进行效度检验，采用 Cronbach's α 系数进行信度检验，使用"校正项总计相关性"（Corrected Item Total Correction，CITC）来净化测量指标。

第四步，形成正式问卷，再次收集数据，进行信度和效度评估。再次收集数据后对测量指标进行组合信度、聚合效度、区别效度等评估。

4.1.3　量表变量定义与测项

(1)老年人旅游体验量表变量定义及测项

根据 Wearing 和 Wearing (1996)、谢彦君 (1999，2005)等对旅游体验概念的解释,本书将老年人旅游体验定义为:老年旅游者在整个旅游活动中通过与外部世界的互动和相互联系所获得的体验感知。在施密特的顾客体验理论的基础上,结合本书质性研究结果将老年人旅游体验归纳为 5 个维度变量:感官体验、情绪体验、情感社交体验、认知体验、社会关联体验。老年人旅游体验的 5 个变量的定义及测量问项如下。

第一,感官体验定义及测项。感官体验是老年旅游者通过视觉、触觉、听觉等人的基本感官功能对旅游目的地的景点空间、自然风光、旅游设施、人文素质等自然环境和人文环境的感知。根据相关文献,结合已有量表变量及题项的设计,以及本书质性研究结果,感官体验变量包括 4 个测量题项(见表 4.1)。

表 4.1　感官体验量表题项设计及来源

题项代码	测量题项	参考文献及来源
A1	该旅游目的地的旅游景观风光独特和美丽	Schmitt (1999);沈鹏熠 (2013);本书质性研究
A2	该旅游目的地的旅游设施齐全和先进	
A3	该旅游目的地的交通便利	
A4	该旅游目的地的文明程度高	

第二,情绪体验定义及测项。情绪体验是老年旅游者通过旅游活动感受到的诸如放松、舒适、愉悦、享受、新奇、兴奋等心理变化过程,是个体内心的一种心理体会。根据相关文献,结合已有量表变量及题项的设计及质性研究结果,情绪体验变量包括 6 个测量题项(见表 4.2)。

表 4.2　情绪体验量表题项设计及来源

题项代码	测量题项	参考文献及来源
B1	旅游让人放松	Schmitt(1999)；Huang & Hsu(2009)；Wang,Chen,& Fan(2012)；沈鹏熠(2013)；周晓贞、杨红英、刘晓石(2014)
B2	旅游让人舒适	
B3	旅游让人心情愉悦	
B4	旅游让人享受	王梦斌(2014)；本书质性研究
B5	旅游让人感到新鲜	
B6	旅游让人兴奋	

第三,情感社交体验定义及测项。情感社交体验是老年旅游者对旅游中人、事、物的交往互动的情感理解,比如在与旅游服务人员、家人的社交互动中所获得的温暖尊重、亲情孝道等心理状态的主观感知。根据相关文献、结合已有量表变量及题项的设计和质性研究结果,情感社交体验变量包括 5 个测量题项(见表 4.3)。

表 4.3　情感社交体验量表题项设计及来源

题项代码	测量题项	参考文献及来源
C1	旅游服务让我感到亲切和温暖	Kim（2014）；Huang & Hsu（2009）；沈鹏熠(2013)；王梦斌(2014)；本书质性研究
C2	旅游服务让我感受到了尊重	
C3	旅游让我感受到天伦之乐	
C4	旅游让我感受到子女的孝心	
C5	旅游拉近了我和家人间的关系	

第四,认知体验定义及测项。认知体验是老年旅游者通过旅游认识外界事物的过程,比如对旅游决策的知觉判断,在旅游中开阔视野、增长见识等成长收获,以及对旅游中相关事件的自我反思,是个体对旅游过程形成的判断、知觉、思考与感悟。根据相关文献、结合已有量表变量及题项的设计和质性研究结果,认知体验变量包括 5 个测量题项(见表 4.4)。

表 4.4　认知体验量表题项设计及来源

题项代码	测量题项	参考文献及来源
D1	参加这次旅游是一个正确的决策	Schmitt（1999）；沈鹏熠（2013）；周晓贞、杨红英、刘晓石（2014）；王梦斌（2014）；高夏丽（2020）；本书质性研究
D2	旅游让人开阔了眼界	
D3	旅游使自己打开了思想格局	
D4	旅游使自己改变了原来的想法	
D5	旅游使自己引发了思考	

第五,社会关联体验定义及测项。社会关联体验是老年旅游者通过旅游将自己与整个社会、行业等外界社会相连接,是对旅游行业发展、社会发展以及个体在社会中的价值等方面的感知。结合相关文献、已有量表变量及题项的设计和质性研究,社会关联体验变量包括 4 个测量题项(见表 4.5)。

表 4.5　社会关联体验量表题项设计及来源

题项代码	测量题项	参考文献及来源
E1	旅游让我感到国家建设得很好	Schmitt（1999）；沈鹏熠（2013）；Haldrup & Larsen（2003）；本书质性研究
E2	旅游让我体验到了社会发展的成果	
E3	旅游让我觉得自己很有社会价值	
E4	旅游让我觉得自己应该多到外面转转	

(2)老年人旅游幸福感量表变量定义及测项

根据幸福感理论的观点以及亢雄(2012)对旅游者幸福感概念的界定,本书将老年人旅游幸福感定义为:老年旅游者在旅游活动过程中因体验生发的主观、心理和社会 3 个层面的积极情感,这些感受对其具有一定积极的价值和意义。在苗元江(2012)现代幸福感理论模型的基础上,结合本书质性研究结果将老年人旅游幸福感归纳为 3 个维度变量:主观幸福感、心理幸福感和社会幸福感。考虑到旅游者幸福感的整合是一个重要趋势,同时大多数受访者将幸福感看成一个整体,因此本书从三者融合的视角测量老年旅游者的幸福感水平。根据相关文献,结合已有量表变量及题项的设计,以及本书质性研究结果,老年人旅游幸福感变量包括 13 个测量题项(见表 4.6)。

表 4.6　老年人旅游幸福感量表题项设计及来源

题项代码	测量题项	参考文献及来源
F1	我对现在的生活感到满意	Diener(1984)；Waterman (1993)；Ryff & Keyes (1995)；Keyes(1998)；苗元江(2003,2007,2012)；Gilbert & Abdullah(2004)；严标宾、郑雪(2008)；陈浩彬(2008)；Lu(2015)；王小欢(2016)；刘阳、尹寿兵、刘云霞(2018)；廖翼曼(2018)；本书质性研究
F2	我感觉心情愉悦,精神状态不错	
F3	我感觉自己有了进步和提高	
F4	我觉得我具有许多优良的品质	
F5	我可以自由地决定我的生活安排	
F6	我得到了家人的认同和尊重	
F7	我与家人的联系和交流更为频繁	
F8	我现在的家庭关系更为和睦、融洽	
F9	我对社会的发展感到很有信心	
F10	我对旅游行业的发展充满期待	
F11	我在今后的生活中充满活力与激情	
F12	我对以后的旅游更加期待和向往	
F13	我觉得我是一个对社会有价值的人	

(3)老年人旅游代际互动量表变量定义及测项

根据代际关系和代际互动理论的观点,本书将老年人旅游代际互动定义为:老年旅游者在旅游过程中发生的代际支持互动或冲突互动行为。旅游代际互动的维度变量是在相关文献梳理的基础上,结合本书质性研究结果归纳而成,将老年人旅游代际互动划分为代际支持互动和代际冲突互动两个变量。各变量的定义及测量问项如下。

第一,代际支持互动定义及测项。代际支持互动是老年旅游者在旅游过程中发生的不同代之间以支持、关爱、帮助、分享等为目的的互动。包括子女对老年旅游者的单向情感支持,老年旅游者对子女进行知识分享、经历分享与物质分享,以及亲子两代在旅游过程中的共同分享、共同回忆、共同评价、互相迁就、互相鼓励等双向的支持互动。根据相关文献,结合已有量表变量和题项的设计,以及本书质性研究结果,代际支持互动变量包括9个测量题项(见表 4.7)。

表 4.7　代际支持互动量表题项设计及来源

题项代码	测量题项	参考文献及来源
G1	子女关照自己在旅游中的安全和健康	张磊(2008)；Watne(2014)；Higgins & Hamilto(2014)；Lehto(2017)；Spiers(2017)；屈小爽(2018)；符国群等(2019)；本书质性研究
G2	旅游中自己会向子女传授知识或教育子女	
G3	旅游后会向子女分享旅游经历或经验	
G4	旅游后会为子女带礼物	
G5	旅游中有趣开心的事情与子女共同分享交流	
G6	旅游中与子女互相关照、互相帮助或互相迁就	
G7	旅游中与子女待在一起或共同参与活动项目	
G8	旅游中与子女留下共同回忆，如拍照合影	
G9	旅游后与子女共同评价旅游经历	

第二,代际冲突互动定义及测项。根据冲突理论的观点,本书将代际冲突互动定义为老年旅游者在旅游过程中发生的不同代之间对旅游事件的感知差异、意见分歧、言语冲突、行动不一致或对抗行为。代际冲突互动引起老年旅游者不愉快、不满意的负性情绪产生。根据相关文献以及本书质性研究结果,代际冲突互动变量包括 4 个测量题项(见表 4.8)。

表 4.8　代际冲突互动量表题项设计及来源

题项代码	测量题项	参考文献及来源
H1	与子女在旅游感受上存在明显差异	Barki & Hartwick (2004)；Bai(2018)；符国群等(2019)；本书质性研究
H2	与子女发生意见分歧,如对旅游的不同看法和评价	
H3	与子女发生言语冲突,如因旅游事件或行为争吵	
H4	与子女发生不一致或对抗行为,如隐瞒子女	

(4)孝道量表变量定义及测项

孝道是一种通过社会价值体系塑造代际关系的制度化文化规范。现有文献中有许多测量孝道的成熟量表,比如双孝量表(Yeh & Bedford, 2003)、当代孝道量表(Lum, Yan, & Ho, 2016)、中国老年人孝道量表(Fu, Xu, &

Chui，2018)等。考虑到本书的受访者是老年旅游者,因此采用中国老年人孝道量表,从老年人视角理解他们对孝道的诠释可能更加合适。测量问项如表4.9所示。

表4.9　中国老年人孝道量表(FPSCE)

题项代码	测量题项
I1	孩子经常询问我的安康
I2	孩子会感谢我对他的养育
I3	当我生病时,孩子会让我参加适当的治疗项目
I4	当我与孩子不同住时,他会经常来看望我
I5	孩子与我交谈时有礼貌
I6	当我不能自理时,孩子亲自或安排他人对我进行照护
I7	孩子用延续家世来践行孝道
I8	孩子遵从我对其在职业选择方面的期望
I9	孩子认同"养儿防老"的观点
I10	孩子尽最大的努力尊重我
I11	孩子尽最大的努力来完成我未实现的目标
I12	孩子尽最大的努力来满足我对他的期望

资料来源:Fu, Xu, & Chui (2018). Development and Validation of a Filial Piety Scale for Chinese Elders in Contemporary China. The International Journal of Aging and Human Development,(10),1-25.

4.1.4　问卷前测及分析

老年人旅游体验、旅游幸福感、旅游代际互动、孝道等量表变量及测项初步设计后,结合调查问卷的其他结构性内容,增加了问卷的介绍和说明、被调查者基本信息问项、出游基本信息问项等内容,形成本书老年人旅游体验与幸福感初始调查问卷。初始问卷形成后,邀请旅游领域具有丰富研究经验的学者专家对问卷的量表变量定义与设置、测量问项以及问卷的语义表达等方面进行了讨论与意见征询,综合各位专家的意见修改问卷,形成修订问卷。

为保障问卷的有效性,在大规模正式调研前,本书于 2021 年 1 月初进行了小样本先导性测试,用作问卷前测。在前测分析中,本书通过探索性因子分析(EFA)进行效度检验,采用 Cronbach's α 系数进行信度检验,使用"校正项总计相关性"(Corrected Item Total Correction,CITC)净化测量指标。

(1)问卷前测样本量标准

关于样本数量,多数学者认为样本量的标准和观察变量及观测指标数量有关。例如,Thompson（2000）认为,样本量与观察变量的比例至少在 10∶1至 15∶1 之间。吴明隆（2010b）指出,样本量是问卷中最多题项量表所含题项数的 3—5 倍,如果进行因素分析,样本量应是测量题项的 5 倍以上,且越多越好。本书老年人旅游体验、旅游幸福感、旅游代际互动、孝道量表测量题项数依次为 24 项、13 项、18 项和 12 项,题项最多的量表为老年人旅游体验量表,前测样本量至少 120 份,考虑到需要对问卷进行探索性因子分析,样本量越多越好,因此,问卷前测的样本量尽可能超过 150 份。本书于 2021 年 1 月初,通过多个老年人旅游平台,对 60 岁及以上且近一年内有外出旅游经历的老年旅游者发放问卷,这些人旅游经历丰富,并乐于提供帮助。共收集问卷157 份,删除题项内容填写前后不一致的问卷 1 份,有效问卷数为 156 份。对收集到的数据使用 SPSS 21.0 统计分析软件进行分析。

(2)探索性因子分析

本书在问卷前测阶段主要通过探索性因子分析(EFA)对问卷量表进行效度检验。探索性因子分析,即检验各测项间共同因子的存在性,提取出能代表量表结构的共同变量。首先,对各观测变量进行因子分析,采用 Bartlett球形检验(Bartlett Test of Sphericity)和 KMO(Kaiser-Meyer-Olkinmeasure)值进行判别,KMO 在 0.9 以上表示非常适合进行因子分析,0.8 表示适合进行因子分析,0.7 表示尚可进行,0.6 表示不太适合进行因子分析,0.5 以下则表示极不适合做因子分析(马庆国,2002)。其次,提取共同因子,采用主成分分析法,利用最大方差法进行因子旋转,提取主成分。要求提取的共同因子累计解释变量达到 60% 以上,50% 以上的结果也可以接受(吴明隆,2010b)。

第一,老年人旅游体验前测量表探索性因子分析。老年人旅游体验前测量表中,所有题项进入探索性因子分析环节。采用主成分分析法,主动设定5个因子,其中有3个因子特征根值大于1,有2个因子特征根未大于1,分别是0.917和0.860,使用最大方差法进行因子旋转,分析结果如下(见表4.10、表4.11):老年人旅游体验量表,KMO值为0.941,表示指标有共同因素存在,可以进行因子分析,Bartlett球形检验显著性 $p=0.000<0.05$,拒绝虚无假设,说明非常适合进行因子分析。主成分分析法主动抽取出5个共同因子,可以解释总变异量79.548%。根据表4.11旋转后成分矩阵可知,5个共同因子与之前设想构念及题项符合,共同因子1构面命名为"情绪体验",共同因子2构面命名为"认知体验",共同因子3构面命名为"感官体验",共同因子4构面命名为"情感社交体验",共同因子5构面命名为"社会关联体验"。其中,认知体验构面中的D2题项"旅游让人开阔了眼界"在第1共同因子和第2共同因子中的因子负荷量均超过了0.5,表明该题项与这两个因子具有密切的关联,可考虑删除;D1题项在第2共同因子中的因子负荷量为0.336,在第1共同因子和第4共同因子的因子负荷量分别为0.547和0.563,D1题项为"参加这次旅游是一个正确的决策",从内容上看应属于第2共同因子"认知体验",而不应该归到第1共同因子和第4共同因子,因此应删除该题项。情感社交体验构面中的C1和C2题项在第4共同因子中的因子负荷量分别为0.115和0.125,但在第3共同因子中的因子负荷量分别为0.600和0.598,这两个题项的内容分别为"旅游服务让我感到亲切和温暖""旅游服务让我感受到了尊重",从内容上看这是老年旅游者与旅游服务提供者之间的社交互动,不应该归到第3共同因子,故删除这两个题项。感官体验构面中的A1题项"该旅游目的地的旅游景观风光独特和美丽",因子负荷量未超过0.5,故删除该题项。社会关联体验构面中的E3题项,在第5共同因子中的因子负荷量为0.213,但在第2共同因子中的因子负荷量为0.632,这个题项的内容为"旅游让我觉得自己很有社会价值",从内容上看这是老年旅游者对自己在社会中的价值感知,应属于第5共同因子"社会关联体验"而不应该归到第2共同因子,需要删除该题项;E4题项在第1共同因子中的因子负荷量为0.548,在第5共同因子中的因子负荷量为0.364,该题项的内容为"旅游让我觉得自己应该多到外面转转",应属于第5共同因子"社会关联体验"而不应该归到第1共同因子,

可删除该题项,考虑变量对测项数量的要求,故暂且保留该题项。此外,各构面其他剩余题项因子负荷量均在 0.5 以上,因此,一定程度上说明老年人旅游体验量表具有良好的效度。

表 4.10 老年人旅游体验前测量表 KMO 与 Bartlett 球形检验

取样切实性量数 KMO		0.941
Bartlett 球形检验	近似卡方	4044.429
	df	276
	Sig.	0.000

表 4.11 老年人旅游体验前测量表旋转后成分矩阵及解释总变异量

题项代码	测量题项	成分				
		1	2	3	4	5
B3	旅游让人心情愉悦	**0.793**	0.206	0.242	0.229	0.285
B1	旅游让人放松	**0.772**	0.163	0.330	0.226	0.254
B4	旅游让人享受	**0.677**	0.280	0.395	0.226	0.244
B2	旅游让人舒适	**0.663**	0.314	0.411	0.239	0.158
B6	旅游让人兴奋	**0.571**	0.436	0.189	0.340	0.234
B5	旅游让人感到新鲜	**0.557**	0.378	0.139	0.439	0.249
E4	旅游让我觉得自己应该多到外面转转	0.548	0.445	0.445	0.170	**0.364**
D1	参加这次旅游是一个正确的决策	0.547	0.336	0.279	0.563	0.028
D2	旅游让人开阔了眼界	0.504	0.520	0.103	0.325	0.364
D4	旅游使自己改变了原来的想法	0.222	**0.846**	0.197	0.259	0.177
D5	旅游使自己引发了思考	0.245	**0.768**	0.235	0.228	0.172
D3	旅游使自己打开了思想格局	0.442	**0.661**	0.038	0.385	0.269
E3	旅游让我觉得自己很有社会价值	0.191	0.632	0.472	0.305	0.213
A4	该旅游目的地的文明程度高	0.228	0.220	**0.765**	0.251	0.237
A2	该旅游目的地的旅游设施齐全和先进	0.275	0.259	**0.641**	0.363	0.264

续　表

题项代码	测量题项	成分				
		1	2	3	4	5
A3	该旅游目的地的交通便利	0.223	−0.002	**0.629**	0.347	0.267
C1	旅游服务让我感到亲切和温暖	0.492	0.424	0.600	0.155	0.057
C2	旅游服务让我感受到了尊重	0.469	0.470	0.598	0.125	0.084
A1	该旅游目的地的旅游景观风光独特和美丽	0.444	0.138	0.419	0.358	0.378
C4	旅游让我感受到子女的孝心	0.154	0.266	0.301	**0.789**	0.211
C5	旅游拉近了我和家人之间的关系	0.265	0.323	0.274	**0.747**	0.123
C3	旅游让我感受到天伦之乐	0.336	0.261	0.286	**0.688**	0.131
E2	旅游让我体会到了社会发展的成果	0.277	0.269	0.238	0.126	**0.824**
E1	旅游让我感到国家建设得很好	0.293	0.227	0.285	0.195	**0.795**
累计解释变异量/%	79.548					

第二,老年人旅游幸福感前测量表探索性因子分析。老年人旅游幸福感前测量表中,所有题项进入探索性因子分析环节。采用主成分分析法,主动设定 3 个因子,使用最大方差法进行因子旋转,分析结果如下(见表 4.12、表 4.13):老年人旅游幸福感量表,KMO 值为 0.928,表明指标有共同因素存在,可以进行因子分析,Bartlett 球形检验显著性 $p=0.000<0.05$,拒绝虚无假设,说明非常适合进行因子分析。主成分分析法主动抽取 3 个共同因子,可以解释总变异量 79.665%。根据表 4.13 旋转后成分矩阵可知,3 个共同因子与之前设想构念符合,共同因子 1 构面命名为"社会幸福感",共同因子 2 构面命名为"心理幸福感",共同因子 3 构面命名为"主观幸福感"。其中,第 1 共同因子"社会幸福感"有 6 个题项的因子负荷量超过了 0.5,但 F4 和 F3 题项分别为"我觉得我具有许多优良的品质""我感觉自己有了进步和提高",从内容上看主要测量老年旅游者对个人成长和自我认同的感知,属于"心理幸福感"构面,不应归到第 1 共同因子,故应删除这两个题项。第 2 共同因子"心理幸福感"有 5 个题项的因子负荷量超过了 0.5,其中 F7 题项"我与家人的联系和交

流更为频繁"、F8 题项"我得到了家人的认同和尊重"和 F6 题项"我现在的家庭关系更为和睦、融洽"在第 3 共同因子中的因子负荷量也超过了 0.5,说明这 3 个题项与多个因子有对应关系,综合考虑暂时保留这些题项。但 F9 和 F10 题项分别为"我对社会的发展感到有信心""我对旅游行业的发展充满期待",从内容上看主要测量老年旅游者在旅游活动过程中因体验生发的对社会与行业发展的价值收获,属于"社会幸福感"构面,不应归到第 2 共同因子,因此删除这两个题项。第 3 共同因子"主观幸福感"的 2 个题项,F1 题项"我对现在的生活感到满意"和 F2 题项"我感觉心情愉悦,精神状态不错"因子负荷量均接近 0.5。其中,F1 题项在第 1 共同因子和第 2 共同因子中的因子负荷量也分别超过了 0.5,说明该题项与多个因子有对应关系,综合考虑暂时保留该题项。但 F5 题项"我可以自由地决定我的生活安排",从内容上看主要测量老年旅游者的独立自主能力,属于"心理幸福感"构面,不应归到第 3 共同因子,故应删除该题项。总体上看,老年人旅游幸福感量表具有良好的效度。

表 4.12　老年人旅游幸福感前测量表 KMO 与 Bartlett 球形检验

取样切实性量数 KMO		0.928
Bartlett 球形检验	近似卡方	2082.553
	df	78
	Sig.	0.000

表 4.13　老年人旅游幸福感前测量表旋转后成分矩阵及解释总变异量

题项代码	测量题项	成分		
		1	2	3
F13	我觉得我是一个对社会有价值的人	**0.802**	0.288	0.215
F4	我觉得我具有许多优良的品质	0.774	0.165	0.271
F3	我感觉自己有了进步和提高	0.771	0.341	0.229
F11	我在今后的生活中充满活力与激情	**0.740**	0.474	0.272

续　表

题项代码	测量题项	成分		
		1	2	3
F12	我对以后的旅游更加期待和向往	**0.696**	0.432	0.317
F1	我对现在的生活感到满意	0.539	0.561	**0.460**
F2	我感觉心情愉悦,精神状态不错	0.475	0.393	**0.496**
F9	我对社会的发展感到很有信心	0.364	0.856	0.194
F10	我对旅游行业的发展充满期待	0.368	0.846	0.204
F7	我与家人的联系和交流更为频繁	0.271	**0.633**	0.578
F8	我得到了家人的认同和尊重	0.394	**0.571**	0.610
F6	我现在的家庭关系更为和睦、融洽	0.345	**0.551**	0.611
F5	我可以自由地决定我的生活安排	0.241	0.114	0.859
累计解释变异量/%	79.665			

第三,老年人旅游代际互动前测量表探索性因子分析。老年人旅游代际互动前测量表中,所有题项进入探索性因子分析环节。采用主成分分析法,提取特征根值大于 1,使用最大方差法进行因子旋转,分析结果如下(见表 4.14、表 4.15):老年人旅游代际互动量表,KMO 值为 0.866,表明指标有共同因素存在,可以进行因子分析,Bartlett 球形检验显著性 $p = 0.000 < 0.05$,拒绝虚无假设,说明非常适合进行因子分析。主成分分析法共抽取出 2 个共同因子,可以解释总变异量 68.876%。根据表 4.15 旋转后成分矩阵可知,2 个共同因子与之前设想构念及题项符合,共同因子 1 构面命名为"代际支持互动",共同因子 2 构面命名为"代际冲突互动",且各构面题项因子负荷量均在 0.5 以上,因此,一定程度上说明老年人旅游代际互动量表具有良好的效度。

表 4.14　老年人旅游代际互动前测量表 KMO 与 Bartlett 球形检验

取样切实性量数 KMO		0.866
Bartlett 球形检验	近似卡方	1636.100
	df	78
	Sig.	0.000

表 4.15　老年人旅游代际互动前测量表旋转后成分矩阵及解释总变异量

题项代码	测量题项	成分	
		1	2
G6	旅游中与子女互相关照、互相帮助或互相迁就	**0.890**	00.084
G9	旅游后与子女共同评价旅游经历	**0.875**	0.138
G5	旅游中有趣开心的事情与子女共同分享交流	**0.874**	−0.049
G3	旅游后会向子女分享旅游经历或经验	**0.864**	0.054
G8	旅游中与子女留下共同回忆,如拍照合影	**0.851**	0.099
G7	旅游中与子女待在一起或共同参与活动项目	**0.835**	0.123
G2	旅游中自己会向子女传授知识或教育子女	**0.741**	0.206
G1	子女关照自己在旅游中的安全和健康	**0.689**	0.074
G4	旅游后会给子女带礼物	**0.640**	0.064
H3	与子女发生言语冲突,如因旅游事件或行为争吵	−0.034	**0.904**
H4	与子女发生不一致或对抗行为,如隐瞒子女	−0.046	**0.893**
H2	与子女发生意见分歧,如对旅游的不同看法和评价	0.175	**0.839**
H1	与子女在旅游感受上存在明显差异	0.312	**0.687**
累计解释变异量/%	68.876		

第四,孝道前测量表探索性因子分析。孝道前测量表中,所有题项进入探索性因子分析环节。采用主成分分析法,提取特征根值大于 1,使用最大方差法进行因子旋转,分析结果如下(见表 4.16、表 4.17):孝道量表,KMO 值为 0.922,表明指标有共同因素存在,可以进行因子分析,Bartlett 球形检验显著性 $p=0.000<0.05$,拒绝虚无假设,说明非常适合进行因子分析。主成分

分析法抽取出 2 个共同因子,可以解释总变异量 77.682%。根据表 4.17 旋转后成分矩阵可知,2 个共同因子与之前设想构念及题项符合,共同因子 1 构面命名为"互惠孝道",即强调子女与老年人之间和谐的代际关系,如题项中的感谢养育、经常看望、礼貌交谈、询问安康等;共同因子 2 构面命名为"权威孝道",即强调子女尊重和支持老年人,如题项中的努力满足父母期望、努力完成父母未实现的目标、遵从父母期望、认同"养儿防老"观点等。其中,I7、I3、I6、I10 题项在第 1 共同因子和第 2 共同因子中的因子负荷量均超过了0.5,表明这些题项与这两个因子具有密切的关联,可考虑删除这 4 个题项。其他剩余题项因子负荷量均在 0.5 以上,因此,一定程度上说明孝道量表具有良好的效度。

表 4.16　孝道前测量表 KMO 与 Bartlett 球形检验

取样切实性量数 KMO		0.932
Bartlett 球形检验	近似卡方	1852.70
	df	66
	Sig.	0.000

表 4.17　孝道前测量表旋转后成分矩阵及解释总变异量

题项代码	测量题项	成分	
		1	2
I2	孩子会感谢我对他的养育	**0.862**	0.283
I4	当我与孩子不同住时,他会经常来看望我	**0.847**	0.311
I1	孩子经常询问我的安康	**0.842**	0.290
I5	孩子与我交谈时有礼貌	**0.836**	0.331
I7	孩子用延续家世来践行孝道	0.646	0.565
I3	当我生病时,孩子会让我参加适当的治疗项目	0.640	0.524
I6	当我不能自理时,孩子亲自或安排他人对我进行照护	0.571	0.589
I10	孩子尽最大的努力尊重我	0.570	0.623
I12	孩子尽最大的努力来满足我对他的期望	0.234	**0.923**

题项代码	测量题项	成分	
		1	2
I11	孩子尽最大的努力来完成我未实现的目标	0.301	**0.894**
I9	孩子认同"养儿防老"的观点	0.318	**0.769**
I8	孩子遵从我对其在职业选择方面的期望	0.472	**0.752**
累计解释变异量/%	77.682		

(3)信度分析

信度分析即可靠性分析,反映量表工具所测结果的稳定性和一致性。信度越高,量表所收集数据的可靠性和稳定程度越高。对前测问卷量表的信度分析主要有 3 个评价指标:一是内部一致性系数(Cronbach's α)。Cronbach's α 系数常被用来说明量表信度的高低,Cronbach's α 系数值越高,则表明被测量项之间的相关度越强,即量表所测量的信度越高。一般认为,α 系数应大于 0.7,0.8—0.9 之间表示信度非常好,0.7—0.8 之间表示信度相当好,0.6—0.7 之间表示信度可以接受,0.5 以下则表示量表欠佳(吴明隆,2010b)。二是校正项总计相关性(CITC)。表示校正题项与题项总分的相关系数,相关系数越低,说明该题项与其他题项关联性越低,一般相关系数低于 0.45 的可考虑删除。三是项目删除时的 Cronbach's α 系数。表示删除该项目后量表的信度值,若该题项删除后量表 Cronbach's α 系数比未删除时高,说明该题项与其他题项的同质性不高,可考虑删除。

第一,老年人旅游体验前测量表信度分析。根据前述探索性因子分析结果,删除 A1、C1、C2、D1、D2 和 E3 5 个题项,将剩余题项进行信度检验,具体分析情况如下(见表 4.18):感官体验变量、情绪体验变量、认知体验变量中所有题项的校正项总计相关系数(CITC)值均大于 0.45,分析项之间具有良好的相关关系,同时以上 3 个子量表任意题项被删除后,信度系数并未有明显的上升,说明量表信度水平良好。情感社交体验变量的 C5 题项,项目删除时的 Cronbach's α 系数为 0.916,大于该变量的 Cronbach's α 系数 0.910,但系数上升不明显,同时该题项校正项总计相关系数(CITC)值为 0.764,大于 0.45,

综合考虑,暂时保留该题项。社会关联体验变量的 E4 题项,项目删除时的 Cronbach's α 系数为 0.927,大于该变量的 Cronbach's α 系数 0.879,但该题项校正项总计相关系数(CITC)值为 0.650,大于 0.45,综合考虑,依然暂时保留该题项。此外,老年人旅游体验各子量表的 Cronbach's α 系数分别是 0.858、0.941、0.910、0.922、0.879,均大于 0.8,表示此量表的可信度非常好。

表 4.18　老年人旅游体验前测量表信度检验

变量	题项代码	测量题项	校正项总计相关性(CITC)	项目删除时 Cronbach's α 系数	Cronbach's α 系数
感官体验	A2	该旅游目的地的旅游设施齐全和先进	0.738	0.795	0.858
	A3	该旅游目的地的交通便利	0.690	0.846	
	A4	该旅游目的地的文明程度高	0.775	0.765	
情绪体验	B1	旅游让人放松	0.856	0.927	0.941
	B2	旅游让人舒适	0.837	0.929	
	B3	旅游让人心情愉悦	0.862	0.926	
	B4	旅游让人享受	0.850	0.927	
	B5	旅游让人感到新鲜	0.764	0.937	
	B6	旅游让人兴奋	0.779	0.936	
情感社交体验	C3	旅游让我感受到天伦之乐	0.811	0.879	0.910
	C4	旅游让我感受到子女的孝心	0.893	0.808	
	C5	旅游拉近了我和家人之间的关系	0.764	0.916	
认知体验	D3	旅游使自己打开了思想格局	0.807	0.919	0.922
	D4	旅游使自己改变了原来的想法	0.899	0.838	
	D5	旅游使自己引发了思考	0.833	0.897	
社会关联体验	E1	旅游让我感到国家建设得很好	0.805	0.755	0.879
	E2	旅游让我体会到了社会发展的成果	0.810	0.788	
	E4	旅游让我觉得自己应该多到外面转转	0.650	0.927	

第二,老年人旅游幸福感前测量表信度分析。根据探索性因子分析结果,删除 F3、F4、F5、F9 和 F10 5 个题项,将剩余题项进行信度检验,具体分析情况如下(见表 4.19):旅游幸福感量表所有测量问项的校正项总计相关系数(CITC)值均大于 0.45,同时任意题项被删除后,信度系数并不会有明显的上升,该量表 Cronbach's α 系数为 0.948,说明量表信度非常好,内部一致性高。

表 4.19　老年人旅游幸福感前测量表信度检验

变量	题项代码	测量题项	校正项总计相关性(CITC)	项目删除时Cronbach's α 系数	Cronbach's α 系数
旅游幸福感	F1	我对现在的生活感到满意	0.861	0.938	0.948
	F2	我感觉心情愉悦,精神状态不错	0.718	0.946	
	F6	我得到了家人的认同和尊重	0.832	0.939	
	F7	我与家人的联系和交流更为频繁	0.802	0.942	
	F8	我现在的家庭关系更为和睦、融洽	0.868	0.937	
	F11	我在今后的生活中充满活力与激情	0.845	0.938	
	F12	我对以后的旅游更加期待和向往	0.833	0.939	
	F13	我觉得我是一个对社会有价值的人	0.734	0.946	

第三,老年人旅游代际互动前测量表信度分析。根据探索性因子分析结果,对该量表所有题项进行信度检验,具体分析情况如下(见表 4.20):代际支持互动和代际冲突互动量表的 Cronbach's α 系数分别是 0.936、0.854,均大于 0.8,表明此量表的可信度非常好。代际支持互动量表的 G1 和 G4 题项,项目删除时的 Cronbach's α 系数分别为 0.936 和 0.938,大于该变量的 Cronbach's α 系数 0.936,同时这两个题项校正项总计相关系数(CITC)值分别为 0.620 和 0.574,综合考虑删除 G1 和 G4 题项。代际冲突互动量表的 H1 题项,项目删除时的 Cronbach's α 系数为 0.865,大于该变量的 Cronbach's α 系数 0.854,同时该题项校正项总计相关系数(CITC)值为 0.592,可删除 H1 题项。其他测量问项均通过信度同质性检验。

表 4.20　老年人旅游代际互动前测量表信度检验

变量	题项代码	测量题项	校正项总计相关性（CITC）	项目删除时Cronbach's α系数	Cronbach's α系数
代际支持互动	G1	子女关照自己在旅游中的安全和健康	0.620	0.936	0.936
	G2	旅游中自己回想子女传授知识或教育子女	0.702	0.931	
	G3	旅游后会向子女分享旅游经历或经验	0.819	0.925	
	G4	旅游后会给子女带礼物	0.574	0.938	
	G5	旅游中有趣开心的事情与子女共同分享交流	0.816	0.925	
	G6	旅游中与子女互相关照、互相帮助或互相迁就	0.858	0.922	
	G7	旅游中与子女待在一起或共同参与活动项目	0.798	0.926	
	G8	旅游中与子女留下共同回忆，如拍照合影	0.805	0.925	
	G9	旅游后与子女共同评价旅游经历	0.842	0.923	
代际冲突互动	H1	与子女在旅游感受上存在明显差异	0.592	0.865	0.854
	H2	与子女发生意见分歧，如对旅游的不同看法和评价	0.763	0.785	
	H3	与子女发生言语冲突，如因旅游事件或行为争吵	0.744	0.799	
	H4	与子女发生不一致或对抗行为，如隐瞒子女	0.715	0.808	

第四，孝道前测量表信度分析。根据探索性因子分析结果，删除 I3、I6、I7 和 I10 4 个题项，将剩余题项进行信度检验，具体分析情况如下（见表 4.21）：互惠孝道量表所有测量问项的校正项总计相关系数（CITC）值均大于 0.45，分析项之间具有良好的相关关系，同时任意题项被删除后，信度系数并未有明显的上升，说明信度水平良好。权威孝道变量的 I9 题项，项目删除时的 Cronbach's α 系数为 0.929，大于该变量的 Cronbach's α 系数 0.926，但该题

项校正项总计相关系数(CITC)值为 0.756,远大于 0.45,综合考虑,暂时保留该题项。此外,互惠孝道和权威孝道量表的 Cronbach's α 系数分别是 0.930、0.826,均大于 0.9,表明此量表的可信度非常好。

表 4.21 孝道前测量表信度检验

变量	题项代码	测量题项	校正项总计相关性(CITC)	项目删除时Cronbach's α 系数	Cronbach's α 系数
互惠孝道	I1	孩子经常询问我的安康	0.833	0.909	0.930
	I2	孩子会感谢我对他/她的养育	0.848	0.904	
	I4	当我与孩子不同住时,他/她会经常来看望我	0.841	0.907	
	I5	孩子与我交谈时有礼貌	0.820	0.913	
权威孝道	I8	孩子遵从我对其在职业选择方面的期望	0.779	0.920	0.926
	I9	孩子认同"养儿防老"的观点	0.756	0.929	
	I11	孩子尽最大的努力来完成我未实现的目标	0.902	0.878	
	I12	孩子尽最大的努力来满足我对他/她的期望	0.882	0.885	

4.1.5 正式问卷数据收集与样本量分析

通过以上前测问卷量表的设计、先导性测试、探索性因子分析以及信度检验等流程,对前测问卷的测量题项进行了净化,最终形成了本书的正式问卷(见附录二)。经检验,正式问卷内所有量表具有较好的信度和效度。

正式问卷包括被调查者基本信息、出游基本信息等在内的 60 个问项,其中老年人旅游体验量表包括感官体验、情绪体验、情感社交体验、认知体验、社会关联体验 5 个变量共 18 个测量指标;老年人旅游幸福感量表包括主观幸福感、心理幸福感、社会幸福感 3 个变量共 8 个测量指标;老年人旅游代际互动量表包括代际支持互动、代际冲突互动 2 个变量共 10 个测量指标;孝道量表包括互惠孝道、权威孝道 2 个变量共 8 个测量指标。

（1）正式问卷数据收集

正式问卷形成后，本书于 2021 年 1 月 13 日至 2021 年 2 月 1 日进行了大范围问卷调查。主要通过线下调查和线上调查相结合的问卷调查方式收集数据。线下调查可以避免部分老年群体填写问卷的困难，通过与其沟通和协助的方式，提高问卷填写的准确性。线上调查覆盖面广，涉及不同地区、性别、年龄、行业的样本，使数据更具代表性和随机性，同时问卷填写较为方便，可以节约调研的时间和经济成本。具体步骤如下：第一，线下调查一方面利用在旅行社、旅游企业工作的朋友的便利条件，请他们帮助寻找有旅游经历的老年人群，进行线下发放和填写问卷；另一方面，集中在社区、老年活动中心、广场等场所发放和填写问卷。第二，线上调查主要通过旅行社或旅游企业的网络平台，如各类老年旅游微信群、老年旅游 QQ 群等，对旅行结束后的老年旅游者进行线上发放问卷与填写。

本次调查样本为近 12 个月内有出游经历的 60 周岁及以上的老年人，收集的调查数据聚焦在老年旅游者旅行结束后对旅行经历的回忆，共获得问卷520 份。为提高问卷质量，本书删除了题项内容填写前后不一致的无效问卷 2份，剔除了作答时间低于 100 秒的问卷 16 份，剩余有效问卷 502 份，总有效问卷回收率为 96.53％。

（2）样本量分析

在问卷前测阶段已分析讨论过样本量问题，先导性测试主要参考吴明隆提出的以问卷中最多题项量表所含题项数的 5 倍以上为依据，但本书采用结构方程模型分析变量之间的关系，因此正式样本量应更大。一般而言，结构方程模型比较适合大样本分析，样本量应超过 200，样本量越大，统计分析的稳定性与指标的适用性越好。但样本量过大，假设模型和实际数据不契合的概率也将增大，将增加模型被拒的可能性，因此大都将样本量控制在 200—500 之间（吴明隆，2010b）。本书正式调查问卷包括旅游体验、旅游幸福感、旅游代际互动、孝道 4 个量表，涉及 12 个变量 44 个测量指标，获取有效样本量 502 份。因此，样本量符合结构方程模型分析要求。从样本来源看，覆盖我国吉林、辽宁、北京、河北、山东、上海、浙江、福建、广东、海南、山西、陕西、河南、四川、湖北、湖南、广西等 17 个省(自治区、直辖市),总体上与我国国内主要旅游市场分布较为吻合,一定程度上反映出问卷具有较好的代表性。

4.2　数据分析

4.2.1　描述性统计分析

本书的描述性统计分析包括对样本的人口特征变量、出游特征变量和家庭子女情况等 3 个方面的描述性分析。

(1)样本人口特征统计变量描述性分析

本书描述的样本人口特征指标,包括性别、年龄、受教育程度、退休前职业和主要经济来源等 5 个方面。统计结果如下(见表 4.22)。第一个方面,性别分布。男性 202 人,占比为 40.2%;女性 300 人,占比 59.8%。女性比例高于男性,说明老年旅游市场中女性游客是主力军。第二个方面,年龄构成。60—65 岁的老年旅游者最多,占比 54.6%,其次是 66—70 岁的老年旅游者,占比 23.7%,两者合计占总样本的 78.3%。这部分老年群体刚退休不久,身体状况和闲暇时间都适合外出旅游,自身也拥有较高的旅游需求。对于 76 岁及以上的老年群体而言,外出旅游一定程度上受其健康状况限制,出游比例相对下降。第三个方面,受教育程度情况。样本中硕士及以上学历者较少,占比 2.8%,其他各个学历层次的样本相对均衡,各项均占比 20% 左右,说明不同文化程度的老年人对旅游都有一定的需求。第四个方面,退休前职业类别。政府机关及事业单位职工比例较大,占比 28.3%,其次是公司人员,占比 25.1%,最后是工人和农民,占比分别为 16.1% 和 11.3%。第五个方面,主要经济来源情况。样本中绝大多数老年旅游者的主要经济来源是自身的退休金,占比 81.1%,说明经济独立是促使老年人外出旅游的重要因素之一。总体上看,本次调查问卷情况和老年人旅游市场情况基本符合,样本具有较好的代表性。

表 4. 22 样本人口特征描述性统计

变量/属性	数量/人	比例/%	变量/属性	数量/人	比例/%
性别	502	100	**退休前职业**	502	100
男	202	40.2	政府机关及事业单位职工	142	28.3
女	300	59.8	公司人员	126	25.1
年龄	502	100	个体经营者	30	6.0
60—65 岁	274	54.6	工人	81	16.1
66—70 岁	119	23.7	农民	57	11.3
71—75 岁	63	12.5	自由职业者	27	5.4
76—80 岁	29	5.8	其他	39	7.8
81 岁及以上	17	3.4	**主要经济来源**	502	100
受教育程度	502	100	退休金	407	81.1
小学	96	19.1	储蓄	36	7.2
初中	117	23.3	子女	22	4.4
中专或高中	115	22.9	其他	37	7.3
大专或本科	160	31.9			
硕士及以上	14	2.8			

(2)样本出游特征统计变量描述性分析

本书描述的样本出游信息,包括出游时间、出游家庭成员构成、出游方式和停留时间等 4 个方面。统计结果如下(见表 4.23)。第一,出游时间。近 12 个月内出游的老年旅游者最多,占比 43.6%,其次是近 6 个月内出游的,占比 25.6%,再次是近 3 个月内和近 1 个月内出游的,占比分别为 19.9% 和 10.6%。这与新冠疫情影响外出旅游事实相符,受国内和地区防控疫情政策影响,旅游人数随疫情发展呈逐步递减趋势。第二,出游家庭成员构成。夫妻二人出游的比例最高,有 225 人,占样本总数的 44.9%,老年旅游者喜欢夫妻结伴、互相照应、共同享受退休生活。其次是单人出行,有 104 人,占比 20.7%。再次是与成年子女共同出行,有 87 人,占比 17.3%,很多有经济能力的成年子女为表示孝心,或为让父母开阔眼界、体验美好生活,会主动策划与父母共同外出旅游。此外,三代共同出游,有 80 人,占比 15.9%,为享受三代之间的亲情与天伦之乐,老年群体会主动组织三代共同外出旅游,另外子女为表达自己对父母照顾孙辈的感谢,也会邀请父母与自己和孩子们共同出游。第三,出游方式。近一年内老年旅游者的出游方式以国内自助游和国内团队游为主,占比分别为 52% 和 44.6%,两者合计占总样本的 97.4%,境外旅游的比例仅占 2.6%。这与新冠疫情期间国家实施"内防反弹、外防输入"的防控政策有关。第四个方面,停留时间。选择 2—3 天的老年旅游者人数最多,占比 42%,其次是选择 4—7 天的,占比 26.7%,再次是选择当天往返的,占比 18.9%,而选择 8—15 天或 15 天以上的比例较少,占比分别为 7.8% 和 4.6%。老年旅游者受身体状况、消费习惯等影响一般选择 7 天以内的过夜旅游为主,对当天往返的近郊短途旅游也有一定的偏好。总体上,从出游时间、出游家庭成员构成、出游方式和停留时间 4 个方面的描述来看,基本符合老年旅游者的外出旅游特点和新冠疫情影响的实际,本次调查数据具有较好的代表性和可信性。

表 4.23　样本出游特征描述性统计

变量/属性	数量/人	比例/%	变量/属性	数量/人	比例/%
出游时间	502	100	**出游方式**	502	100
近 12 个月内	219	43.6	国内自助游	265	52.8
近 6 个月内	130	25.9	国内团队游	224	44.6
近 3 个月内	100	19.9	境外自助游	4	0.8
近 1 个月内	53	10.6	境外团队游	9	1.8
出游家庭成员构成	502	100	**停留时间**	502	100
单人出行	104	20.7	当天往返	95	18.9
夫妻二人出行	225	44.9	2—3 天	211	42.0
与成年子女共同出行	87	17.3	4—7 天	134	26.7
仅与孙辈出行	6	1.2	8—15 天	39	7.8
三代共同出行	80	15.9	15 天以上	23	4.6

(3)样本家庭子女情况描述性分析

本书从成年子女数量、子女经济能力、子女每月经济支持、是否与子女同住、子女每周联系频率、与子女情感亲密度等6个方面对样本家庭子女情况进行了描述性分析。具体情况如下(见表4.24):老年旅游者中有1个成年子女的占多数,占比为64.5%,2个及以上的,占35.5%;成年子女大都具有经济能力,占比95.4%,但对父母经济支持比例不高,仅占53.3%,且每月经济支持主要在1000—3000元之间,占比29.5%,1000元以下的占14.1%,3000元以上的占9.8%;老年旅游者大都不与子女同住,占比67.3%,但子女与老年父母在日常生活中情感交往密切,每周联系频率在3—4次的占17.3%、4次以上的占48.4%,经常进行情感交流的占75.5%,无联系和无情感交流的分别仅占3.4%和1.8%。这与我国家庭代际关系特征基本相符,成年子女忙于工作,一般选择与工作地点相近的区域居住,或独立成立家庭后,亲子两代不同住的比例逐渐提高,核心家庭是当前主要的家庭结构类型。同时,信息技术的发展使成年子女更容易通过电话、微信等方式与父母进行日常联系交流。因此,调查样本具有较好的代表性。

表 4.24 样本家庭子女情况描述性统计

变量/属性	数量/人	比例/%	变量/属性	数量/人	比例/%
成年子女数量	502	100	**是否同住**	502	100
1个	324	64.5	同住	164	32.7
2个及以上	178	35.5	不同住	338	67.3
子女经济能力	502	100	**子女每周联系频率**	502	100
有经济能力	479	95.4	无	17	3.4
无经济能力	23	4.6	1—2次	155	30.9
子女每月经济支持	502	100	3—4次	87	17.3
无	234	46.6	4次以上	243	48.4
1000元以下	71	14.1	**子女情感亲密度**	502	100

续　表

变量/属性	数量/人	比例/%	变量/属性	数量/人	比例/%
1000—3000 元	148	29.5	无情感交流	9	1.8
3001—5000 元	28	5.6	偶尔情感交流	14	22.7
5001 元以上	21	4.2	经常情感交流	379	75.5

4.2.2　信度分析

本书对正式问卷量表的信度进行分析和检验,主要分析 4 个量表中 12 个变量的 Cronbach's α 系数是否达到检验标准。一般认为, α 系数应大于 0.7, 0.8—0.9 之间表示信度非常好,0.7—0.8 之间表示信度相当好。正式问卷量表包括多个层面,本书分别计算了总量表和各层面的信度,具体结果如下(见表 4.25):老年人旅游体验量表共包括 5 个变量,18 个测项,量表总信度为 0.963,大于 0.7,说明量表具有可靠性,其中感官体验、情绪体验、情感社交体验、认知体验、社会关联体验 5 个层面的 Cronbach's α 系数分别为 0.883、0.949、0.936、0.914、0.923,均大于 0.7,说明老年人旅游体验量表各层面内部一致性及关联程度较高。老年人旅游幸福感量表包括 3 个变量,8 个测项,总量表信度系数为 0.946,主观幸福感、心理幸福感和社会幸福感 3 个层面的 Cronbach's α 系数分别为 0.908、0.927、0.923,均大于 0.7,说明老年人旅游幸福感量表各层面测项间关联程度和内部一致性较好。老年人旅游代际互动量表包括 2 个变量,10 个测项,总量表信度为 0.898,代际支持互动和代际冲突互动两个层面的 Cronbach's α 系数分别为 0.946、0.940,均大于 0.7,说明老年人旅游代际互动量表可靠性和稳定程度高。孝道量表包括 2 个变量,8 个测项,总量表信度系数为 0.929,互惠孝道和权威孝道各层面的 Cronbach's α 系数分别为 0.916 和 0.892,均大于 0.7,说明孝道量表具有较高的可靠性。总体来看,正式问卷各量表及各层面的信度较高,可靠性和稳定程度非常好。

表 4.25　正式问卷量表及变量的信度分析结果

量表/变量	测项数量	测项编号	测项内容	Cronbach's α 系数
老年人旅游体验量表	18	SE1－RE3		0.963
感官体验	3	SE1	该旅游目的地的旅游设施齐全和先进	0.883
		SE2	该旅游目的地的交通便利	
		SE3	该旅游目的地的文明程度高	
情绪体验	6	EE1	旅游让人放松	0.949
		EE2	旅游让人舒适	
		EE3	旅游让人心情愉悦	
		EE4	旅游让人享受	
		EE5	旅游让人感到新鲜	
		EE6	旅游让人兴奋	
情感社交体验	3	AE1	旅游让我感受到天伦之乐	0.936
		AE2	旅游让我感受到子女的孝心	
		AE3	旅游拉近了我和家人之间的关系	
认知体验	3	CE1	旅游使自己打开了思想格局	0.914
		CE2	旅游使自己改变了原来的想法	
		CE3	旅游使自己引发了思考	
社会关联体验	3	RE1	旅游让我感到国家建设得很好	0.923
		RE2	旅游让我体会到了社会发展的成果	
		RE3	旅游让我觉得自己应该多到外面转转	
老年人旅游幸福感量表	8	SW1－OW3		0.946
主观幸福感	2	SW1	我对现在的生活感到满意	0.908
		SW2	我感觉心情愉悦,精神状态不错	

量表/变量	测项数量	测项编号	测项内容	Cronbach's α 系数
心理幸福感	3	PW1	我得到了家人的认同和尊重	0.927
		PW2	我与家人的联系和交流更为频繁	
		PW3	我现在的家庭关系更为和睦、融洽	
社会幸福感	3	OW1	我在今后的生活中充满活力与激情	0.923
		OW2	我对以后的旅游更加期待和向往	
		OW3	我觉得我是一个对社会有价值的人	
老年人旅游代际互动量表	10	SI1－CI3		0.898
代际支持互动	7	SI1	旅游中自己会向子女传授知识或教育子女	0.946
		SI2	旅游后会向子女分享旅游经历或经验	
		SI3	旅游中有趣开心的事情与子女共同分享交流	
		SI4	旅游中与子女互相关照、互相帮助或互相迁就	
		SI5	旅游中与子女待在一起或共同参与活动项目	
		SI6	旅游中与子女留下共同回忆如拍照合影	
		SI7	旅游后与子女共同评价旅游经历	
代际冲突互动	3	CI1	与子女发生意见分歧，如对旅游的不同看法和评价	0.940
		CI2	与子女发生言语冲突，如因旅游事件或行为争吵	
		CI3	与子女发生不一致或对抗行为，如隐瞒子女	
孝道量表	8	RF1－AF4		0.929

续　表

量表/变量	测项数量	测项编号	测项内容	Cronbach's α系数
互惠孝道	4	RF1	孩子经常询问我的安康	0.916
		RF2	孩子会感谢我对他/她的养育	
		RF3	当我与孩子不同住时,他/她会经常来看望我	
		RF4	孩子与我交谈时有礼貌	
权威孝道	4	AF1	孩子遵从我对其在职业选择方面的期望	0.892
		AF2	孩子认同"养儿防老"的观点	
		AF3	孩子尽最大的努力来完成我未实现的目标	
		AF4	孩子尽最大的努力来满足我对他/她的期望	

4.2.3　效度分析

本书在问卷前测阶段通过探索性因子分析(EFA)对问卷量表进行了效度检验,为进一步检验正式问卷量表是否具有良好的建构效度,还需进行验证性因子分析(CFA),计算各测项的因子载荷系数,同时评估聚合效度、区分效度等情况,综合判断量表是否具有较好的建构效度。利用 SPSS 21.0 统计软件将总样本数据随机分成两组,其中一组共 248 个随机个案样本用于建立与修正模型,另一组共 254 个随机个案样本用于检验模型的建构效度。

验证性因子分析用于检验探索性因子分析得到的模型与实际数据的匹配性,即观察变量是否可以有效地作为因子构念的测量指标,反映观察变量和潜在变量之间的内在关系。结构方程模型(Structural equation modeling,SEM)是一种可以将测量与分析整合为一的验证性方法,并允许多个潜在变量指标存在,避免了对多样本的多次重复测量。其中,测量模型的评估标准包括以下 4 项。

一是参数统计量的估计值均达到显著水平(t 值绝对值$>$1.96;或 $p<$0.05)。在 Amos 中以临界比值(Critical Ratio,C.R.)代表 t 值,如果 C.R. 的绝对值在 1.96 以上,可以拒绝虚无假设(吴明隆,2010a)。

　　二是观察变量的 R^2 反映出其在潜在变量的信度,潜在变量的信度值(标准化系数值的平方)应在 0.5,即观察变量的标准化系数必须等于或大于 0.71,表示观察变量有良好的信度(Bagozzi & Yi,1988)。

　　三是潜在变量的组合信度。组合信度主要用于评价一组潜在构念指标的一致性程度,即所有测量指标分享该因子构念的程度,组合信度越高,表示测量指标间有高度的内在关联存在。Bagozzi 和 Yi (1988)、Diamantopoulos 和 Siguaw(2000)等采用较低的标准,认为组合信度在 0.6 以上就表示潜在变量的组合信度较好。目前多数学者采用 Kline(2005)的分类观点:组合信度系数值在 0.9 以上是最佳;0.8 附近是非常好;0.7 附近则是适中;0.5 以上是最小可以接受的范围;低于 0.5 则表示有一半以上的观察变异是来自随机误差,信度不足。

　　四是潜在变量的平均方差抽取量(AVE)。AVE 表示相较于测量误差变异量的大小,潜在变量构念所能解释观察变量变异量的程度,AVE 越大,说明潜在变量具有较高的聚合效度。一般认为,AVE 大于 0.5,表示观察变量可以有效反映其潜在变量,该潜在变量具有良好的信度和效度(吴明隆,2010a)。此外,还要观察各变量间的区分程度,即区分效度。区分效度指测试一个变量的测量指标和其他变量的测量指标之间的差异程度(Clack-Carter,1997)。一般通过 AVE 值与变量之间的相关系数平方的比较来衡量,根据 Fornell 和 Larcker(1981)给出的标准,如果潜在变量的平均方差抽取量 AVE 大于该变量与其他变量相关系数的平方,说明该变量与其他潜在变量具有明显的区分效度。

(1)老年人旅游体验量表验证性因子分析

　　老年人旅游体验量表包括感官体验、情绪体验、情感社交体验、认知体验和社会关联体验 5 个潜在变量,其中感官体验包括 SE1、SE2、SE3 3 个观察变量;情绪体验包括 EE1、EE2、EE3、EE4、EE5、EE6 6 个观察变量;情感社交体验包括 AE1、AE2、AE3 3 个观察变量;认知体验包括 CE1、CE2、CE3 3 个观察变量;社会关联体验包括 RE1、RE2、RE3 3 个观察变量。将第一组 248 个随机样本数据导入 AMOS 22.0 软件进行验证性因子分析,各观察变量的标准化载荷系数均大于 0.71,显著性 $p=0.000<0.001$,说明因子与测项间有较

好的对应关系,聚合效度较好。对因子和测项的 MI 指标进行比较后发现,情绪体验的 EE3、EE5、EE6 3 个测项在其他因子中的 MI 值很大,分别达到 24.849、15.531 和 25.126,说明这 3 个测项与其他因子存在较强关联性,故将此 3 个测项进行删除后,通过对另一组 254 个随机样本数据再次进行验证性因子分析。分析结果(见表 4.26、表 4.27):各观察变量的标准化载荷系数均大于 0.71,显著性 $p = 0.000 < 0.001$,5 个潜在变量对应的 AVE 值均大于 0.5,且组合信度均高于 0.7,说明潜在变量具有良好的聚合效度。此外,各潜在变量的 AVE 平方根值分别为 0.847、0.908、0.915、0.896、0.912,均大于各潜在变量间的相关系数的平方,说明各潜在变量的区分效度好。总体上,老年人旅游体验量表具有较好的建构效度。

表 4.26　老年人旅游体验量表验证性因子分析结果

潜在变量	观察变量	非标准化载荷系数	标准化载荷系数	S.E.	C.R.	p	AVE 值	组合信度
感官体验	SE1	1	0.864				0.718	0.884
	SE2	0.844	0.808	0.055	15.352	0.000		
	SE3	0.903	0.864	0.054	16.793	0.000		
情绪体验	EE1	1	0.867				0.825	0.933
	EE2	1.174	0.899	0.058	20.274	0.000		
	EE4	1.270	0.946	0.057	22.323	0.000		
情感社交体验	AE1	1	0.937				0.837	0.939
	AE2	1.023	0.916	0.040	25.574	0.000		
	AE3	0.959	0.892	0.040	23.721	0.000		
认知体验	CE1	1	0.903				0.803	0.924
	CE2	1.135	0.889	0.053	21.224	0.000		
	CE3	1.190	0.898	0.055	21.715	0.000		
社会关联体验	RE1	1	0.957				0.831	0.936
	RE2	1.006	0.963	0.029	34.163	0.000		
	RE3	0.862	0.811	0.044	19.748	0.000		

表 4.27 老年人旅游体验量表各潜在变量的 AVE 平方根值

潜在变量	感官体验	情绪体验	情感社交体验	认知体验	社会关联体验
感官体验	**0.847**				
情绪体验	0.641	**0.908**			
情感社交体验	0.614	0.707	**0.915**		
认知体验	0.581	0.731	0.710	**0.896**	
社会关联体验	0.590	0.731	0.662	0.750	**0.912**

(2)老年人旅游幸福感量表验证性因子分析

老年人旅游幸福感量表包括主观幸福感、心理幸福感和社会幸福感 3 个潜在变量,其中主观幸福感包括 SW1、SW2 2 个观察变量;心理幸福感包括 PW1、PW2、PW3 3 个观察变量;社会幸福感包括 OW1、OW2、OW3 3 个观察变量。将第一组 248 个随机样本数据导入 AMOS 22.0 软件进行验证性因子分析,将 MI>10 作为修正标准,各观察变量的标准化载荷系数均大于 0.71,显著性 $p=0.000<0.001$,3 个潜在变量对应的 AVE 值均大于 0.5,且组合信度均高于 0.7,各潜在变量的 AVE 平方根值均大于各潜在变量间的相关系数的平方,说明潜在变量具有良好的聚合效度和区分效度。对因子和测项的 MI 指标进行比较后发现,均符合要求。对另一组 254 个随机样本数据再次进行验证性因子分析,具体结果(见表 4.28、表 4.29)如下:各观察变量的标准化载荷系数最大为 0.945,最小为 0.803,均大于 0.71,显著性 $p=0.000<0.001$,3 个潜在变量对应的 AVE 值分别是 0.841、0.840 和 0.718,均大于 0.5,且组合信度均高于 0.7,说明潜在变量具有良好的聚合效度。此外,各潜在变量的 AVE 平方根值分别为 0.917、0.916 和 0.847,均大于各潜在变量间的相关系数的平方,说明各潜在变量的区分效度好。总体上,老年人旅游幸福感量表具有较好的建构效度。

表 4.28　老年人旅游幸福感量表验证性因子分析结果

潜在变量	观察变量	非标准化载荷系数	标准化载荷系数	S. E.	C. R.	p	AVE 值	组合信度
主观幸福感	SW1	1	0.889					0.914
	SW2	1.061	0.944	0.047	22.501	0.000	0.841	
心理幸福感	PW1	1	0.904					0.940
	PW2	1.111	0.901	0.049	22.667	0.000	0.840	
	PW3	1.086	0.945	0.043	25.550	0.000		
社会幸福感	OW1	1	0.880					0.884
	OW2	1.016	0.870	0.054	18.956	0.000	0.718	
	OW3	1.047	0.803	0.064	16.363	0.000		

表 4.29　老年人旅游幸福感量表各潜在变量的 AVE 平方根值

潜在变量	主观幸福感	心理幸福感	社会幸福感
主观幸福感	**0.917**		
心理幸福感	0.795	**0.916**	
社会幸福感	0.799	0.813	**0.847**

(3)老年人旅游代际互动量表验证性因子分析

老年人旅游代际互动量表包括代际支持互动和代际冲突互动 2 个潜在变量,其中代际支持互动包括 SI1、SI2、SI3、SI4、SI5、SI6、SI7 共 7 个观察变量;代际冲突互动包括 CI1、CI2、CI3 3 个观察变量。将第一组 248 个随机样本数据导入 AMOS 22.0 软件进行验证性因子分析,将 MI>10 作为修正标准,其中观察变量 SI1 和 SI2 的标准化载荷系数分别为 0.669 和 0.679,未达到 0.71 以上,其余观察变量的标准化载荷系数均超过 0.71。删除 SI1 和 SI2 两个观察变量后,利用另一组 254 个随机样本数据再次进行验证性因子分析。分析结果如下(见表 4.30、表 4.31):各观察变量的标准化载荷系数最大为 0.966,最小为 0.819,均大于 0.71,显著性 $p=0.000<0.001$,两个潜在变量对应的 AVE 值分别是 0.811 和 0.847,均大于 0.5,且组合信度分别为 0.955 和 0.943,均高于 0.7,说明潜在变量具有良好的聚合效度。此外,各潜在变量

的 AVE 平方根值分别为 0.901 和 0.920,均大于各潜在变量间的相关系数的平方,说明两个潜在变量的区分效度好。总体上,老年人旅游代际互动量表具有较好的建构效度。

表 4.30　老年人旅游代际互动量表验证性因子分析结果

潜在变量	观察变量	非标准化载荷系数	标准化载荷系数	S.E.	C.R.	p	AVE 值	组合信度
代际支持互动	SI3	1	0.848				0.811	0.955
	SI4	1.281	0.927	0.062	20.740	0.000		
	SI5	1.309	0.914	0.065	20.189	0.000		
	SI6	1.324	0.930	0.063	20.888	0.000		
	S17	1.228	0.867	0.067	18.246	0.000		
代际冲突互动	CI1	1	0.819				0.847	0.943
	CI2	1.299	0.966	0.064	20.274	0.000		
	CI3	1.281	0.952	0.064	20.014	0.000		

表 4.31　老年人旅游代际互动量表各潜在变量的 AVE 平方根值

潜在变量	代际支持互动	代际冲突互动
代际支持互动	**0.901**	
代际冲突互动	0.286	**0.920**

(4)孝道量表验证性因子分析

孝道量表包括互惠孝道和权威孝道 2 个潜在变量,其中互惠孝道包括 RF1、RF2、RF3、RF4 4 个观察变量;权威孝道包括 AF1、AF2、AF3、AF4 4 个观察变量。将第一组 248 个随机样本数据导入 AMOS 22.0 软件进行验证性因子分析,将 MI>10 作为修正标准,其中观察变量 AF2 的标准化载荷系数为 0.646,未达到 0.71 以上,其余观察变量的标准化载荷系数均超过 0.71。删除观察变量 AF2 后,利用另一组 254 个随机样本数据再次进行验证性因子分析。分析结果如下(见表 4.32、表 4.33):各观察变量的标准化载荷系数最大为 0.966,最小为 0.749,均大于 0.71,显著性 $p=0.000<0.001$,2 个潜在变量对应的 AVE 值分别是 0.756 和 0.815,均大于 0.5,且组合信度均高于

0.7,说明潜在变量具有良好的聚合效度。此外,各潜在变量的 AVE 平方根值分别为 0.870 和 0.903,均大于各潜在变量间的相关系数的平方,说明各潜在变量的区分效度好。总体上,孝道量表具有较好的建构效度。

表 4.32 调整后的孝道量表验证性因子分析结果

潜在变量	观察变量	非标准化载荷系数	标准化载荷系数	S. E.	C. R.	p	AVE 值	组合信度
互惠孝道	RF1	1	0.863				0.756	0.925
	RF2	1.066	0.912	0.053	20.209	0.000		
	RF3	1.127	0.890	0.058	19.329	0.000		
	RF4	0.858	0.794	0.054	15.783	0.000		
权威孝道	AF1	1	0.749				0.815	0.928
	AF3	1.411	0.957	0.085	16.602	0.000		
	AF4	1.355	0.966	0.081	16.718	0.000		

表 4.33 孝道量表各潜在变量的 AVE 平方根值

潜在变量	互惠孝道	权威孝道
互惠孝道	**0.870**	
权威孝道	0.739	**0.903**

4.3 假设与模型检验

4.3.1 结构方程模型的应用

结构方程模型用来检验模型中潜在变量、观察变量以及误差变异项之间的关系,进而获得自变量对因变量影响的间接效果、直接效果或总效果(吴明隆,2010a)。结构方程模型包括测量模型和结构模型两种基本模型,测量模型由潜在变量和观察变量组成,结构模型是对潜在变量间因果关系的说明。

(1)结构方程模型中潜在变量与观察变量的对应关系

在结构方程模型中,主要有潜在变量、观察变量以及误差变异项 3 类变量。潜在变量是指无法直接观察或测量,须由观察变量来估计的变量。本书的潜在变量包括:感官体验,用 SE 表示;情绪体验,用 EE 表示;情感社交体验,用 AE 表示;认知体验,用 CE 表示;社会关联体验,用 RE 表示;主观幸福感,用 SW 表示;心理幸福感,用 PW 表示;社会幸福感,用 OW 表示;旅游代际支持互动,用 SI 表示;旅游代际冲突互动,用 CI 表示。需要说明的是,本书将主观幸福感、心理幸福感和社会幸福感进行整合测量,旅游幸福感用 WE 表示。观察变量是指可以直接观察或测量的变量。本书通过验证性因子分析后,结构方程模型中的观察变量共包括 31 个。误差变异项是指内因潜在变量无法被外因潜在变量及其他内因潜在变量解释的部分。本书研究的潜在变量和观察变量对应关系如表 4.34 所示。

表 4.34　潜在变量与观察变量对应关系

潜在变量	潜在变量编码	观察变量	观察变量编号
感官体验	SE	该旅游目的地的旅游设施齐全和先进	SE1
		该旅游目的地的交通便利	SE2
		该旅游目的地文明程度高	SE3
情绪体验	EE	旅游让人放松	EE1
		旅游让人舒适	EE2
		旅游让人享受	EE3
情感社交体验	AE	旅游让我感受到天伦之乐	AE1
		旅游让我感受到子女的孝心	AE2
		旅游拉近了我和家人之间的关系	AE3
认知体验	CE	旅游使自己打开了思想格局	CE1
		旅游使自己改变了原来的想法	CE2
		旅游使自己引发了思考	CE3

续　表

潜在变量	潜在变量编码	观察变量	观察变量编号
社会关联体验	RE	旅游让我感到国家建设得很好	RE1
		旅游让我体验到了社会发展的成果	RE2
		旅游让我觉得自己应该多到外面转转	RE3
主观幸福感	SW	我对现在的生活感到满意	SW1—WE1
		我感觉心情愉悦,精神状态不错	SW2—WE2
心理幸福感	PW	我得到了家人的认同和尊重	PW1—WE3
		我与家人的联系和交流更为频繁	PW2—WE4
		我现在的家庭关系更为和睦、融洽	PW3—WE5
社会幸福感	OW	我在今后的生活中充满活力与激情	OW1—WE6
		我对以后的旅游更加期待和向往	OW2—WE7
		我觉得我是一个对社会有价值的人	OW3—WE8
旅游代际支持互动	SI	旅游中有趣开心的事情与子女共同分享交流	SI1
		旅游中与子女互相关照、互相帮助或互相迁就	SI2
		旅游中与子女待在一起或共同参与活动项目	SI3
		旅游中与子女留下共同回忆,如拍照合影	SI4
		旅游后与子女共同评价旅游经历	SI5
旅游代际冲突互动	CI	与子女发生意见分歧,如对旅游的不同看法和评价	CI1
		与子女发生言语冲突,如因旅游事件或行为争吵	CI2
		与子女发生不一致或对抗行为,如隐瞒子女	CI3

(2)结构方程模型的评价指标与判定标准

在结构方程模型中,适配度指标(goodness-of-fit indices)用于评估假设的路径分析模型图与实际数据是否相互适配(吴明隆,2010a),即评估模型的外在质量和整体模型适配度。整体模型适配度或拟合度的判断指标主要有 3 类：绝对适配指标，用来衡量理论模型与样本数据的拟合程度，常用卡方值、卡方自由度比、RMSEA、GFI、AGFI、ECVI 等检验；相对适配指标，是将待检验的假设理论模型与基准线模型的适配度进行比较以判别模型的契合度，常用 NFI、RFI、IFI、TLI、CFI 等检验；简约适配指标，是前述两者的派生指标，包括 AIC、PNFI、PGFI、CN 值等。根据研究需要，本书选取 x^2/df（卡方自由度比值）、GFI（拟合优度指数）、NFI（标准拟合指数）、IFI（增加拟合指数）、CFI（比较适配指数）、RMSEA（渐进残差均方和平方根）6 个指标来评价研究模型。主要评价指标及判定标准如表 4.35 所示。

表 4.35　结构方程模型整体适配度的主要评价指标及评价标准

统计检验量	适配标准或临界值
x^2/df（NC 值）	1＜NC＜3，模型有简约适配程度；NC＞5，模型需要修正
GFI 值	0—1 之间，数值越接近 1，拟合优度越高；＞0.9（适配度好）
NFI 值	0—1 之间，数值越接近 1，模型改善非集中性程度越高；＞0.9（适配度好）
IFI 值	0—1 之间，数值越接近 1，模型拟合度越好；＞0.9（适配度好）
CFI 值	0—1 之间，数值越接近 1，模型改善非集中性程度越高；＞0.9（适配度好）
RMSEA 值	＜0.05（适配良好）；＜0.08（适配合理）

4.3.2　结构方程模型假设

根据前述文献、定性研究及本章提出的研究假设与关系模型，本书提出如下预期模型，并进一步明确了感官体验（SE）、情绪体验（EE）、情感社交体验（AE）、认知体验（CE）、社会关联体验（RE）、旅游幸福感（WE）、旅游代际支持互动（SI）、旅游代际冲突互动（CI）之间的假设关系（见图 4.3）。从图 4-3 中可以看出，感官体验（SE）、情绪体验（EE）、情感社交体验（AE）、认知体验（CE）、社会关联体验（RE）对旅游代际支持互动（SI）、旅游代际冲突互动（CI）和旅游幸福感（WE）产生直接预测影响；旅游代际支持互动（SI）和旅游代际冲突互动（CI）对旅游幸福感（WE）产生直接预测影响；感官体验（SE）、情绪体验（EE）、情感社交体验（AE）、认知体验（CE）、社会关联体验（RE）通过旅游代际支持互动（SI）和旅游代际冲突互动（CI）的中介作用对旅游幸福感（WE）产生间接影响。本书预期模型与本章中所提出的假设对应关系如表 4.36 所示。

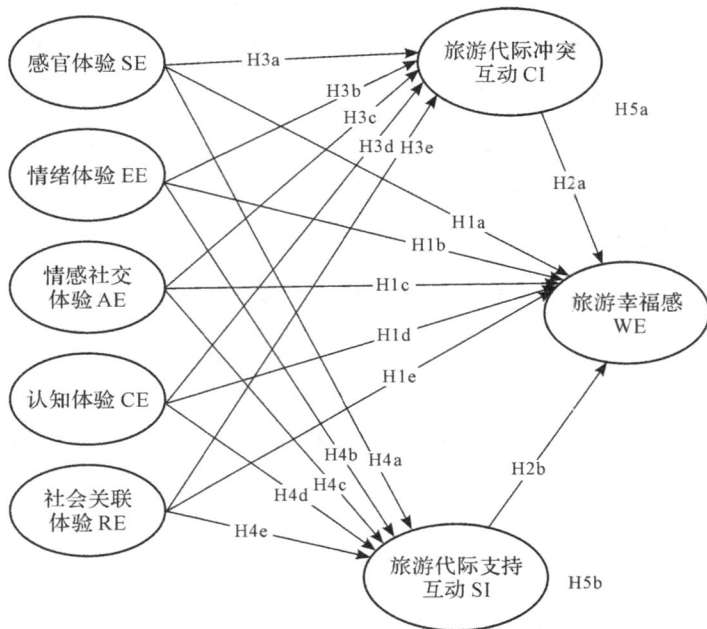

图 4.3　潜在变量预期关系

表 4.36　潜在变量关系预期

序号	关系预期	对应假设
1	积极的感官体验对旅游幸福感有显著的正向影响	假设 1a
2	积极的情绪体验对旅游幸福感有显著的正向影响	假设 1b
3	积极的情感社交体验对旅游幸福感有显著的正向影响	假设 1c
4	积极的认知体验对旅游幸福感有显著的正向影响	假设 1d
5	积极的社会关联体验对旅游幸福感有显著的正向影响	假设 1e
6	旅游代际冲突互动对旅游幸福感有显著的负向影响	假设 2a
7	旅游代际支持互动对旅游幸福感有显著的正向影响	假设 2b

序号	关系预期	对应假设
8	积极的感官体验对旅游代际冲突互动有显著的负向影响	假设 3a
9	积极的情绪体验对旅游代际冲突互动有显著的负向影响	假设 3b
10	积极的情感社交体验对旅游代际冲突互动有显著的负向影响	假设 3c
11	积极的认知体验对旅游代际冲突互动有显著的负向影响	假设 3d
12	积极的社会关联体验对旅游代际冲突互动有显著的负向影响	假设 3e
13	积极的感官体验对旅游代际支持互动有显著的正向影响	假设 4a
14	积极的情绪体验对旅游代际支持互动有显著的正向影响	假设 4b
15	积极的情感社交体验对旅游代际支持互动有显著的正向影响	假设 4c
16	积极的认知体验对旅游代际支持互动有显著的正向影响	假设 4d
17	积极的社会关联体验对旅游代际支持互动有显著的正向影响	假设 4e
18	旅游代际冲突互动在老年人旅游体验与旅游幸福感之间起中介作用	假设 5a
19	旅游代际支持互动在老年人旅游体验与旅游幸福感之间起中介作用	假设 5b

4.3.3　结构方程模型检验

将潜在变量和观察变量所对应的数据导入假设模型,采用 AMOS 22.0 软件进行结构方程模型分析,使用最大似然法(ML)进行参数估计,运算输出项选择标准估计、协方差估计和相关估计,求解模型的拟合指数、路径系数和 t 检验值,从前述适配度指标来评估假设模型的适配效果。

首先,根据潜在变量与观察变量对应关系,将第一组 248 个随机样本数据使用 AMOS 22.0 软件建立初始结构方程模型(见图 4.4),初始模型的各项拟合情况为:卡方自由度比值 $x^2/df = 4.516$,未小于 3;GFI $= 0.648$,未大于 0.9;NFI $= 0.784$,未大于 0.9;IFI $= 0.823$,未大于 0.9;CFI $= 0.822$,未大于 0.9;RMSEA $= 0.119$,大于 0.08,说明模型整体拟合度不佳,需要进一步修正。根据修正指标数值,SE、EE、AE、CE、RE 5 个外在潜在变量间 MI 值均较高,处于 76.585－118.808 之间,一般在结构方程模型中所有外在潜在变量间要建立共变关系(吴明隆,2010a),故对 SE、EE、AE、CE、RE 5 个外在潜在变量间依次增加了共变关系。

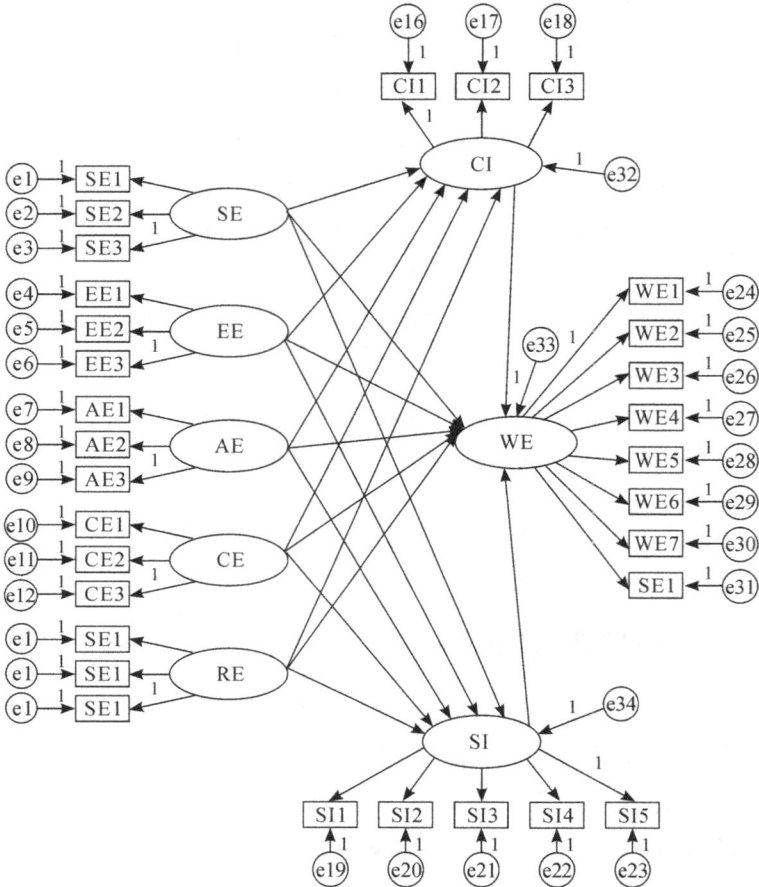

图 4.4 老年人旅游体验、旅游代际互动、旅游幸福感初始结构方程模型

同时,根据修正指标,增加了模型中旅游幸福感的 WE1 和 WE2、WE4 和 WE5、WE4 和 WE7、WE5 和 WE7、WE6 和 WE8、WE7 和 WE8 等 6 组测量题项误差值的共变关系。其中,主观幸福感中的 WE1 与 WE2 分别测量"生活满意度"和"积极情绪",老年旅游者通过旅游体验获得对当下生活状况的满意感知有利于提高其精神层面的愉悦感等积极情绪,因此这两者之间存在相互关联,可以增加两者误差变量的共变关系。心理幸福感中的 WE4 与 WE5 分别测量"个人成长及自我更新"和"积极的人际关系",老年旅游者通过旅游活动提高了与家人之间的交流互动能力,进而使其感到家庭关系更加和睦融洽,这种关系在实际中确实可能存在关联,因此可以增加两者误差变量的共变关系。社会幸福感中的 WE6、WE7 与 WE8 分别测量"自身对生活美好的憧憬""对旅游行业发展的信心"和"对自身社会价值的评估",老年旅游者通过旅游活动引发对今后美好生活的憧憬,使其感到自身的这种生活活力和激情,是社会价值的显性表现,同时老年旅游者对今后旅游活动的期待和向往,会进一步使其感到自身在社会中的价值,因此增加 WE6 和 WE8、WE7 和 WE8 两组误差变量的共变关系也是合理的。此外,心理幸福感中的 WE4 与 WE5 分别与社会幸福感中的 WE7 存在相互关联,老年旅游者通过旅游活动获得个人社交能力的成长,会进一步增加其对旅游行业发展的期待和再次旅游的向往,同时在旅游中获得的积极人际关系和良好存在,同样也会增加老年人对旅游行业发展的信心,因此可以增加 WE4 和 WE7、WE5 和 WE7 两组误差变量的共变关系。从理论与实践看,老年人旅游幸福感的以上 6 组测量题项误差值的共变关系存在是合理的。

其次,将另一组 254 个随机样本数据导入修正后的结构方程模型,进一步评估模型的适配效果。数据显示:模型的各项拟合情况为 x^2/df=2.392、GFI=0.815、NFI=0.893、IFI=0.935、CFI=0.934、RMSEA=0.074,上述指标说明模型优度、适配度均较好。根据本书假设,将所有样本数据导入修正后的结构方程模型,结果表明:模型的各项拟合情况为 x^2/df=2.952,小于 3;GFI=0.866,接近 0.9;NFI=0.929,大于 0.9;IFI=0.952,大于 0.9;CFI=0.952,大于 0.9;RMSEA=0.062,小于 0.08(见表 4.37),各项指标表示模型的适配效果较好。修正后的结构方程模型与标准化估计值如图 4.5 所示。

表 4.37　修正后的结构方程模型拟合分析结果

模型拟合度指标	数值
x^2/df(NC 值)	2.952
GFI 值	0.866

续　表

模型拟合度指标	数值
NFI 值	0.929
IFI 值	0.952
CFI 值	0.952
RMSEA 值	0.062

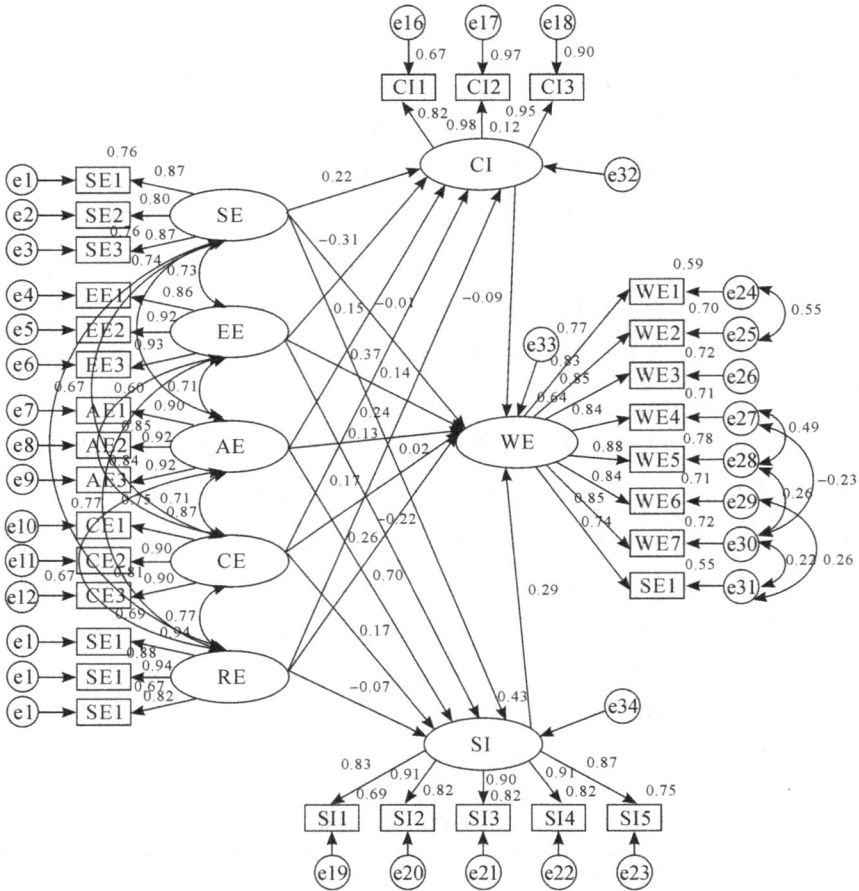

图 4.5　修正后的老年人旅游体验、旅游代际互动、旅游幸福感标准化估计值模型

(1)结构方程模型直接路径关系的假设检验

根据本书的假设,直接路径关系的检验结果如下。

第一,旅游体验与旅游幸福感的假设检验。通过 C. R. 指标与 p 值来看,情绪体验(EE)、情感社交体验(AE)、认知体验(CE)、社会关联体验(RE)对旅游幸福感(WE)的影响系数分别为 0. 145、0. 129、0. 172、0. 259,C. R 值的绝对值均高于 1. 96 且其均在 0. 05 水平上有显著正向影响关系,因此假设 H1b、H1c、H1d、H1e 成立。但感官体验(SE)对旅游幸福感(WE)的直接正向影响,其路径系数在 0. 05 的显著性水平下未达到显著,因此假设 H1a 不成立。

第二,旅游代际互动与旅游幸福感的假设检验。通过模型回归系数、C. R. 指标与 p 值来看,旅游代际冲突互动(CI)对旅游幸福感(WE)的影响系数为 -0.093,C. R 值的绝对值高于 1. 96 且其在 0. 05 水平上有显著负向影响关系;旅游代际支持互动(SI)对旅游幸福感(WE)的影响系数为 0. 292,C. R 值的绝对值高于 1. 96 且其在 0. 05 水平上有显著正向影响关系,因此假设 H2a、H2b 成立。

第三,旅游体验与旅游代际互动的假设检验。根据模型回归系数、C. R. 指标与 p 值,首先,旅游体验与旅游代际冲突互动的假设检验情况如下:情绪体验(EE)、社会关联体验(RE)对旅游代际冲突互动(CI)的影响系数分别为 -0.310 和 -0.241,C. R 值的绝对值均高于 1. 96 且其均在 0. 05 水平上有显著负向影响关系,因此假设 H3b、H3e 成立。此外,感官体验(SE)对旅游代际冲突互动(CI)有显著的负向影响、情感社交体验(AE)对旅游代际冲突互动(CI)有显著的负向影响、认知体验(CE)对旅游代际冲突互动(CI)有显著的负向影响,其路径系数在 0. 05 水平上均达到显著,但影响系数分别为 0. 224、0. 148、0. 373,说明感官体验(SE)、情感社交体验(AE)和认知体验(CE)均对旅游代际冲突互动(CI)有显著的正向影响,这与 H3a、H3c、H3d 3 个理论假设呈相反结果。

其次,旅游体验与旅游代际支持互动的假设检验情况为:情感社交体验(AE)、认知体验(CE)对旅游代际支持互动(SI)的影响系数分别为 0. 698 和 0. 174,C. R 值的绝对值均高于 1. 96 且其均在 0. 05 水平上有显著正向影响关系,因此假设 H4c、H4d 成立。感官体验(SE)对旅游代际支持互动(SI)有显著的正向影响,社会关联体验(RE)对旅游代际支持互动(SI)有显著的正向影响,其路径系数在 0.05 的显著性水平上均未达到显著。因此,假设 H4a 和 H4e 不成立。此外,情绪体验(EE)对旅游代际支持互动(SI)有显著的正向影响,其路径系数在 0.05 水平上达到显著,但影响系数为 −0.219,说明情绪体验(EE)对旅游代际支持互动(SI)呈现显著的负向影响,这与理论假设 H4b 呈相反结果。

以上具体路径分析及假设检验结果如表 4.38 所示。

表 4.38 结构方程模型潜在变量路径分析及假设检验

	Estimate	S.E.	C.R.	p	Label
WE ← SE	−0.012	0.040	−0.230	0.818	积极的感官体验对幸福感有显著的正向影响
WE ← EE	0.145	0.048	2.155	0.031	积极的情绪体验对幸福感有显著的正向影响
WE ← AE	0.129	0.040	2.096	0.036	积极的情感社交体验对幸福感有显著的正向影响
WE ← CE	0.172	0.042	2.636	0.008	积极的认知体验对幸福感有显著的正向影响
WE ← RE	0.259	0.057	4.291	0.000	积极的社会关联体验对幸福感有显著的正向影响
WE ← CI	−0.093	0.014	−2.856	0.004	旅游代际冲突互动对幸福感有显著的负向影响
WE ← SI	0.292	0.022	6.80	0.000	旅游代际支持互动对幸福感有显著的正向影响
CI ← SE	0.224	0.133	2.852	0.004	积极的感官体验对旅游代际冲突互动有显著的负向影响
CI ← EE	−0.310	0.156	−3.235	0.001	积极的情绪体验对旅游代际冲突互动有显著的负向影响
CI ← AE	0.148	0.111	1.967	0.049	积极的情感社交体验对旅游代际冲突互动有显著的负向影响
CI ← CE	0.373	0.138	3.996	0.000	积极的认知体验对旅游代际冲突互动有显著的负向影响
CI ← RE	−0.241	0.185	−2.791	0.005	积极的社会关联体验对旅游代际冲突互动有显著的负向影响

续　表

	Estimate	S. E.	C. R.	P	Label
SI ← SE	0.022	0.098	0.333	0.739	积极的感官体验对旅游代际支持互动有显著的正向影响
SI ← EE	−0.219	0.116	−2.718	0.007	积极的情绪体验对旅游代际支持互动有显著的正向影响
SI ← AE	0.698	0.088	10.384	0.000	积极的情感社交体验对旅游代际支持互动有显著的正向影响
SI ← CE	0.174	0.101	2.249	0.025	积极的认知体验对旅游代际支持互动有显著的正向影响
SI ← RE	−0.070	0.137	−0.974	0.330	积极的社会关联体验对旅游代际支持互动有显著的正向影响

(2)结构方程模型间接路径关系的假设检验

根据上述分析,将模型中不显著路径删除,即删除临界比率绝对值小于 1.96 的 3 种路径关系:感官体验(SE)对旅游幸福感(WE)有显著的正向影响、感官体验(SE)对旅游代际支持互动(SI)有显著的正向影响与社会关联体验(RE)对旅游代际支持互动(SI)有显著的正向影响。模型进一步修正后,在 0.05 的显著性水平上,其他路径系数均达到显著。进一步修正后的老年人旅游体验、旅游代际互动、旅游幸福感标准化估计值模型如图 4.6 所示。模型的 x^2/df 为 2.933,小于 3;GFI 为 0.866,接近 0.9;NFI 为 0.929,IFI 为 0.952, CFI 为 0.952,3 项统计量均大于 0.9;RMSEA 为 0.062,小于 0.08,各项指标均达到适配度标准。结构方程模型显示:感官体验(SE)对旅游幸福感(WE)的直接效应不显著,主要通过旅游代际冲突互动(CI)间接影响旅游幸福感(WE),间接效应为−0.02;情绪体验(EE)对旅游幸福感(WE)有直接效应, 直接效应为 0.14,并分别通过旅游代际冲突互动(CI)和旅游代际支持互动(SI)间接影响旅游幸福感(WE),间接效应分别为 0.03 和−0.07;情感社交体验(AE)对旅游幸福感(WE)有直接效应,直接效应为 0.15,并分别通过旅游代际冲突互动(CI)和旅游代际支持互动(SI)间接影响旅游幸福感(WE),间接效应分别为−0.01 和 0.2;认知体验(CE)对旅游幸福感(WE)有直接效应, 直接效应为 0.17,并分别通过旅游代际冲突互动(CI)和旅游代际支持互动(SI)间接影响旅游幸福感(WE),间接效应分别为−0.03 和 0.04;社会关联体验(RE)对旅游幸福感(WE)有直接效应,直接效应为 0.26,并通过旅游代际冲突互动(CI)间接影响旅游幸福感(WE),间接效应为 0.02。检验结果验证了旅游代际冲突互动和旅游代际支持互动均存在老年人旅游体验与旅游幸福感间的中介作用。因此,假设 H5a、H5b 成立。

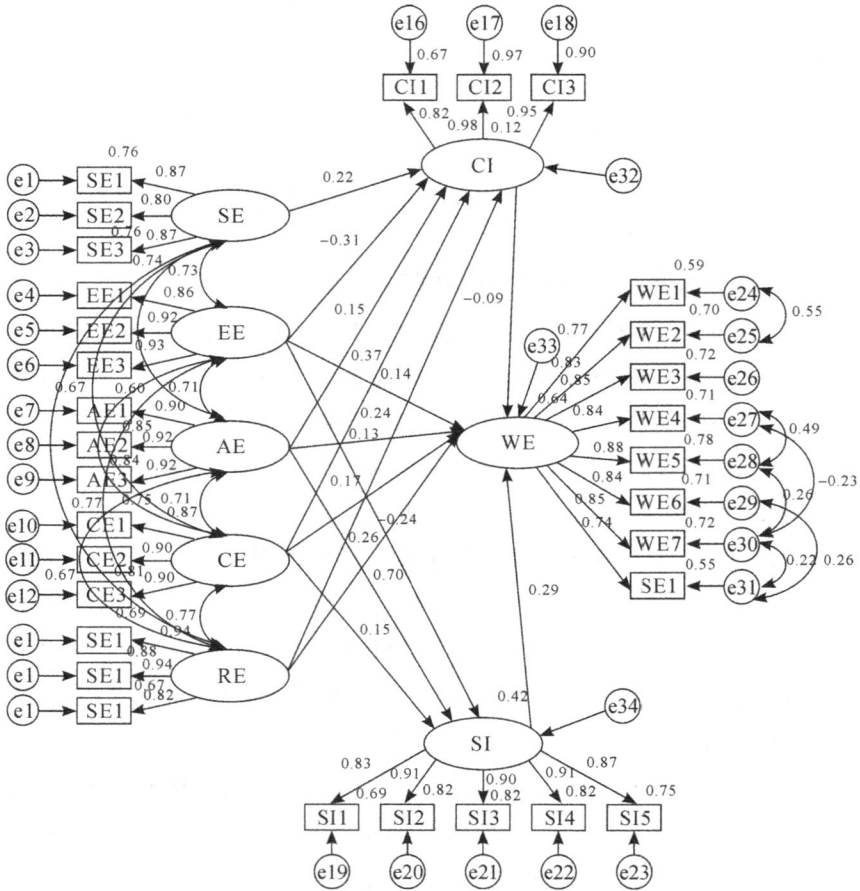

图 4.6 进一步修正后的老年人旅游体验、旅游代际互动、旅游幸福感标准化估计值模型

4.3.4　调节效应检验

根据前文研究假设,对孝道在旅游代际互动和幸福感之间的调节作用进行检验。对于调节效应的假设验证,采用 SPSS 21.0 统计软件的宏程序插件 PROCESS(Hayes,2013)进行检验。将调节变量纳入回归分析,观察交互项系数和显著性水平。

(1)孝道在旅游代际冲突互动和幸福感之间的调节效应检验

检验过程中,在旅游代际冲突互动和幸福感之间引入孝道及其与旅游代际冲突互动的交互项,如交互项呈现显著性,则表明具有调节作用。检验结果如表 4.39 所示:孝道与旅游代际冲突互动的交互项呈现出显著性($t=$ 6.183,$p<0.01$)。表明旅游代际冲突互动对幸福感影响时,调节变量(孝道)在不同水平时,影响幅度具有显著性差异,交互项的回归系数为 0.056,说明旅游代际冲突互动对幸福感产生影响时,孝道起着调节作用。

表 4.39　孝道在旅游代际冲突互动和幸福感之间的调节效应检验结果

	模型 1	模型 2	模型 3
常数	35.719** (173.764)	35.719** (237.216)	35.521** (238.783)
代际冲突	0.071(1.395)	−0.071(−1.883)	−0.201** (−4.782)
孝道		0.659** (20.805)	0.700** (22.389)
代际冲突×孝道			0.056** (6.183)
样本量	502	502	502
R^2	0.004	0.467	0.505
调整 R^2	0.002	0.464	0.502
F 值	$F(1,500)=$ 1.945,$p=0.164$	$F(2,499)=$ 218.231,$p=0.000$	$F(3,498)=$ 169.087,$p=0.000$
$\triangle R^2$	0.004	0.463	0.038
$\triangle F$ 值	$F(1,500)=$ 1.945,$p=0.164$	$F(1,499)=$ 432.836,$p=0.000$	$F(1,498)=$ 38.233,$p=0.000$

注:因变量:幸福感。

* $p<0.05$ ** $p<0.01$ 括号里面为 t 值。

　　将调节变量(孝道)取平均水平、高水平和低水平3种情况进行调节效应分析(见表4.40),结果显示:孝道在平均水平和低水平时呈现显著性,回归系数分别为－0.201和－0.472,说明孝道水平越低,旅游代际冲突互动对幸福感的影响幅度越大。通过简单斜率图(见图4.7)也可发现,孝道在低水平时斜率明显较大,而高水平时斜率明显较小。

表 4.40　不同孝道水平在旅游代际冲突互动和幸福感之间的调节效应结果

调节变量水平	回归系数	标准误	t	p	95% CI	
平均值	－0.201	0.042	－4.782	0.000	－0.283	－0.119
高水平(+1SD)	0.070	0.043	1.633	0.103	－0.014	0.154
低水平(－1SD)	－0.472	0.074	－6.348	0.000	－0.618	－0.326

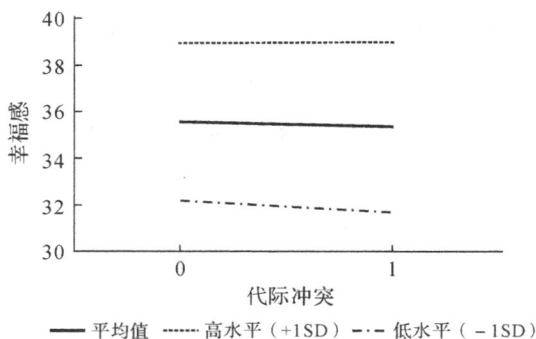

图 4.7　不同孝道水平在旅游代际冲突互动和幸福感之间的调节效应斜率

(2)孝道在旅游代际支持互动和幸福感之间的调节效应检验

　　孝道在旅游代际支持互动和幸福感之间的调节效应检验结果如表4.14所示:孝道与旅游代际支持互动的交互项呈现出显著性($t=3.494$,$p<0.01$)。表明旅游代际支持互动对幸福感产生影响时,调节变量(孝道)在不同水平时,影响幅度具有显著性差异,交互项的回归系数值为0.019,说明旅游代际支持互动对幸福感产生影响时,孝道起着调节作用。

表 4.41　孝道在旅游代际支持互动和幸福感之间的调节效应检验结果

	模型 1	模型 2	模型 3
常数	35.719** (210.348)	35.719** (243.371)	35.420** (209.534)
代际支持	0.526** (15.348)	0.198** (5.062)	0.222** (5.640)
孝道		0.516** (12.838)	0.552** (13.443)
代际支持×孝道			0.019** (3.494)
样本量	502	502	502
R^2	0.320	0.489	0.501
调整 R^2	0.319	0.487	0.498
F 值	$F(1,500)=$ 235.556, $p=0.000$	$F(2,499)=$ 238.781, $p=0.000$	$F(3,498)=$ 166.832, $p=0.000$
$\triangle R^2$	0.320	0.69	0.012
$\triangle F$ 值	$F(1,500)=$ 235.556, $p=0.000$	$F(1,499)=$ 164.826, $p=0.000$	$F(1,498)=$ 12.208, $p=0.000$

注:因变量:幸福感。

* $p<0.05$ ** $p<0.01$ 括号里面为 t 值。

将调节变量(孝道)取平均水平、高水平和低水平 3 种情况分别进行调节效应分析(见表 4.42),结果显示:孝道在平均水平、高水平和低水平时均呈现显著性,回归系数分别为 0.222、0.315 和 0.129,说明孝道水平越高,旅游代际支持互动对幸福感的影响幅度越大。通过简单斜率图(见图 4.8)也可发现,孝道在高水平时斜率明显较大,而低水平时斜率明显较小。

表 4.42　不同孝道水平在旅游代际支持互动和幸福感之间的调节效应结果

调节变量水平	回归系数	标准误	t	p	95% CI	
平均值	0.222	0.039	5.640	0.000	0.164	0.299
高水平(+1SD)	0.315	0.051	6.160	0.001	0.056	0.415
低水平(-1SD)	0.129	0.044	2.962	0.003	0.240	0.214

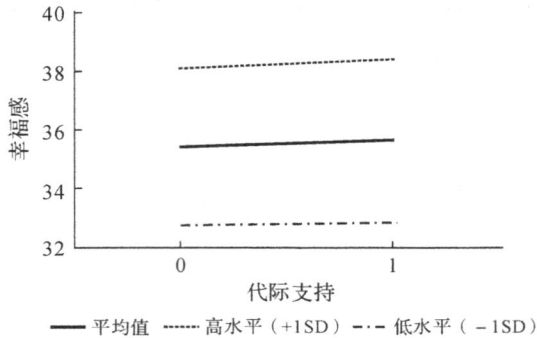

图 4.8　不同孝道水平在旅游代际支持互动和幸福感之间的调节效应斜率

综上,孝道在旅游代际互动与旅游幸福感之间起调节作用,不同的孝道水平分别在旅游代际冲突互动与旅游幸福感、旅游代际支持互动与旅游幸福感之间具有调节效应。因此,假设 H6a、H6b 成立。

4.3.5　假设检验结果汇总

本书在收集大样本数据的基础上,按照严格规范的定量研究方法,通过探索性因子分析、克朗巴赫系数、验证性因子分析对问卷量表进行了信效度检验,综合运用结构方程模型对老年人旅游体验、旅游代际互动、旅游幸福感关系模型中的相关假设进行了检验,运用 SPSS 回归分析对孝道的调节效应进行了检验。结果表明,量表具有较好的信度和建构效度,其中 3 个假设未通过验证支持,4 个假设得到了相反的验证结果,其余假设均通过验证支持。具体情况如表 4.43 所示。

表 4.43　本书假设检验结果汇总

假设序号	假设内容	检验结果
H1	老年人旅游体验与旅游幸福感有显著关系	通过
H1a	积极的感官体验对旅游幸福感有显著的正向影响	不通过
H1b	积极的情绪体验对旅游幸福感有显著的正向影响	通过
H1c	积极的情感社交体验对旅游幸福感有显著的正向影响	通过

续　表

假设序号	假设内容	检验结果
H1d	积极的认知体验对旅游幸福感有显著的正向影响	通过
H1e	积极的社会关联体验对旅游幸福感有显著的正向影响	通过
H2	旅游代际互动与旅游幸福感有显著关系	通过
H2a	旅游代际冲突互动对旅游幸福感有显著的负向影响	通过
H2b	旅游代际支持互动对旅游幸福感有显著的正向影响	通过
H3	老年人旅游体验与旅游代际冲突互动有显著关系	通过
H3a	积极的感官体验对旅游代际冲突互动有显著的负向影响	通过（相反）
H3b	积极的情绪体验对旅游代际冲突互动有显著的负向影响	通过
H3c	积极的情感社交体验对旅游代际冲突互动有显著的负向影响	通过（相反）
H3d	积极的认知体验对旅游代际冲突互动有显著的负向影响	通过（相反）
H3e	积极的社会关联体验对旅游代际冲突互动有显著的负向影响	通过
H4	老年人旅游体验与旅游代际支持互动有显著关系	通过
H4a	积极的感官体验对旅游代际支持互动有显著的正向影响	不通过
H4b	积极的情绪体验对旅游代际支持互动有显著的正向影响	通过（相反）
H4c	积极的情感社交体验对旅游代际支持互动有显著的正向影响	通过
H4d	积极的认知体验对旅游代际支持互动有显著的正向影响	通过
H4e	积极的社会关联体验对旅游代际支持互动有显著的正向影响	不通过
H5	旅游代际互动在老年人旅游体验与旅游幸福感之间起中介作用	通过
H5a	旅游代际冲突互动在老年人旅游体验与旅游幸福感之间起中介作用	通过
H5b	旅游代际支持互动在老年人旅游体验与旅游幸福感之间起中介作用	通过
H6	孝道在旅游代际互动与旅游幸福感之间起调节作用	通过
H6a	孝道在旅游代际冲突互动与旅游幸福感之间起调节作用	通过
H6b	孝道在旅游代际支持互动与旅游幸福感之间起调节作用	通过

第 5 章
结果讨论与启示

　　本书在前 4 章的论述中,基于旅游消费行为理论、旅游体验理论与整合幸福感理论,构建了老年人旅游体验研究框架和幸福感评价体系,从旅游代际互动视角系统全面地探讨了老年人旅游体验与旅游幸福感的内在逻辑关系和影响机理,以及孝道的作用机制。本章在分析与讨论研究结果的基础上,总结了研究的理论贡献,并提出了老年旅游业发展的实践启示和建议。

5.1　研究结果讨论

5.1.1　老年人旅游体验对旅游幸福感影响的结果讨论

老年旅游者在旅游活动中通过与旅游世界的互动与相互联系获得了不同的旅游体验感知,不同维度的旅游体验如何影响其旅游幸福感?实证结果显示:老年旅游者在旅游活动中获得的积极情绪体验、情感社交体验、认知体验和社会关联体验对其旅游幸福感均有显著的正向影响,但积极的感官体验并没有对旅游幸福感直接产生显著的正向影响。从结构方程模型的进一步检验结论来看,老年旅游者积极的情绪体验、情感社交体验、认知体验、社会关联体验对其旅游幸福感的影响系数分别为 0.145、0.129、0.172、0.259。研究结果表明,老年旅游者通过旅游活动感受到的放松、舒适、享受等内心体会,家人之间的亲情交流,自我思考与成长收获认知,以及对自身的社会价值感知等体验可以显著提升其旅游幸福感。在以往对老年人旅游的研究中,Nimrod 和 Rotem (2010)等提出旅游活动的动机是收获幸福感,老年旅游者通过旅游活动获得兴奋、愉悦、满意的体验感知,进而对其健康水平、生活质量、价值观养成、社交关系与社会参与水平都有积极的影响(Gustafson,2002;Nimrod,2008)。本书研究结果支持了这一观点,即老年旅游者积极的旅游体验对旅游幸福感有显著的正向影响。此外,Ryan(1997)指出,旅游体验将影响旅游者对旅游过程的评价。不同类别的旅游体验及质量的高低,将影响旅游者的幸福感与满意度,如旅游者的认知体验评价、情感体验评价和感官体验评价正向影响主观幸福感(Kim,Chua,& Lee,2016)。对这一观点,本书研究结果也提供了相关的依据,即老年旅游者积极的认知体验、情绪体验、情感社交体验对其幸福感起到显著的正向影响,但也有与此观点相悖的地方,即积极的感官体验并没有对旅游幸福感产生显著的正向影响。此结论可以从老年旅游者的消费动机和特征得到解释,从现实情况来看,老年旅游者外出旅游的目的开始向社交和自我提升(Horneman，Carter，& Wei，2002)，健康、情感与完善人生(李琳、钟志平，2011)等方面转变，更加偏爱疗养保健旅游(宋欢、杨美霞，2016)、怀旧旅游(李真、李享、刘贝贝，2018)、文化娱乐旅游(Littrell，Paige，& Kun，2004)等产品，注重情感、心理和文化层面的体验感知，而不仅仅是感官层面的旅游体验。

本书结果进一步证实了旅游者特征的差异性，以及由此产生的旅游体验偏好特征对其旅游幸福感产生影响，因此对于中国老年旅游者这一特殊消费群体而言，提升旅游幸福感的关键并非对旅游目的地的自然环境与人文环境等感官层面的满意度，而应较多地关注其在旅游活动中获得的积极情绪、亲情交流、自我认同以及社会价值方面的体验质量。

5.1.2　老年人旅游体验对旅游代际互动影响的结果讨论

老年旅游者在旅游过程中的积极体验与感知，会引发代际的互动交流。不同维度的旅游体验如何影响其代际互动行为？从实证研究结果来看，一方面，老年旅游者在旅游活动中获得的积极情绪体验、社会关联体验对旅游代际冲突互动有显著的负向影响，影响系数分别为－0.310和－0.241，说明旅游活动越能让老年旅游者感受到正向的情绪心理，以及良好的社会发展形势和自我社会价值感知，越会降低旅游情境中不同代之间发生分歧、冲突或对抗行为的可能性。另一方面，积极的情感社交体验、认知体验则对旅游代际支持互动起到显著的正向影响，影响系数分别为0.698和0.174，说明在旅游活动中老年旅游者越能感受到子女的孝心或天伦之乐的积极体验，以及成长收获、自我更新和自我认同等认知能力的提升，越会促进不同代之间在旅游中互相帮助、相互迁就或进行旅游分享、回忆、评价等支持互动行为的发生。在以往的研究中，Chen 和 Chen (2010)等认为旅游者在旅游过程中的体验越丰富，其互动和参与度就越高，而积极的感官体验、功能体验、认知体验和情感体验则会提升旅游者的积极互动行为(Mitchell & Mitchell，2001)。以上研究结果支持了 Chen 和 Mitchell 等的这一观点，即老年旅游者在旅游过程中的体验与感知，会影响其与成年子女的互动交流，积极的旅游体验会促进旅游代际支持互动和降低旅游代际冲突互动行为。

　　但值得注意的是,部分实证研究结果也与 Chen 和 Mitchell 等的观点有差异的地方,即积极的旅游体验并非只会降低旅游代际冲突互动行为或促进旅游代际支持互动行为的发生。研究结果显示,积极的感官体验、情感社交体验、认知体验对旅游代际冲突互动起到显著的正向影响,而积极的情绪体验对旅游代际支持互动也有显著的负向影响,显然上述 4 个结果与预期呈相反的结论。此外,积极的感官体验和社会关联体验对旅游代际支持互动的影响不显著。这些研究结果似乎有悖于常识,却是老年旅游者与其子女基于不同的旅游情境发生的特有互动现象。兰德尔·柯林斯(2004)在《互动仪式链》(*Interaction Ritual Chains*)一书中提出,人与人的互动行为都发生在一定的情境之中,这种情境至少由两个人组成,是经由个人形成的社会关联或网络。个人关于世界或对某一事件的看法,都来自这种情境。他进一步指出,人们将注意力集中在共同的场景和活动中,并分享共同的情绪和情感体验,互动行为就在人们应用他们各自的文化资本和情感能量中产生,互动中的人们会基于成本、回报以及情感能量最大化的理性选择原则形成不同的互动行为。柯林斯的观点很好地解释了为什么对于老年旅游者而言,同一种旅游体验如情感社交、认知和情绪 3 个方面的积极体验引发的代际的互动行为,既有分歧和冲突,也有支持和鼓励,即老年旅游者积极的情感社交体验、认知体验同时对代际冲突互动和代际支持互动起到显著的正向影响,积极的情绪体验则同时对代际冲突互动和代际支持互动起到显著的负向影响。实际上,在同一旅游情境中,由于老年旅游者特殊的心理、生理特点和价值追求,在感官层面的体验结果也许与子女在看法、观点上存在不一致,发生代际冲突互动的可能性就会增强。同样,在旅游活动中老年旅游者与其家人的情感交流越频繁和密切,以及越能感受到自我思考、自我认同和独立自主能力的提升,则越会引起代际的分歧和竞争。更进一步讲,旅游情境中这种代际的意见分歧、言语冲突和对抗行为也是正常合理的,一方面,这是由不同代之间生长环境、社会经验、角色意识和价值观、思维方式上的差异所引起的(成伟、陈婷婷,2009);另一方面,老年旅游者可能通过冲突互动的方式向子女表达自身的需求或追求自身情感能量的最大化。

　　以往研究一般认为旅游中的互动行为是旅游体验产生的来源,且人际互动的效果将影响旅游体验的质量,比如旅游人际互动如何塑造体验(谢彦君,2005),或互动行为如何影响旅游体验的生成(武虹剑、龙江智,2009)等。本书研究结果发现,在不同的旅游情境中,旅游体验也可以影响旅游代际互动行为的发生和走向。

5.1.3 旅游代际互动中介作用的结果讨论

老年人旅游体验引发了旅游代际互动行为,不同类型的代际互动进而又如何影响旅游幸福感? 换言之,旅游代际互动在老年人旅游体验与旅游幸福感间是否具有中介作用? 首先,从旅游代际互动对旅游幸福感的影响来看,实证研究结果显示:旅游代际冲突互动对旅游幸福感有显著的负向影响,旅游代际支持互动则与旅游幸福感有显著的正向影响关系。其次,从结构方程模型的检验结果来看,老年旅游者的积极感官体验主要通过旅游代际冲突互动间接影响旅游幸福感;老年旅游者的积极社会关联体验既通过旅游代际冲突互动间接影响旅游幸福感,又直接对旅游幸福感产生影响;而老年旅游者积极的情绪体验、情感社交体验、认知体验等3个方面的旅游体验则分别通过旅游代际冲突互动和旅游代际支持互动间接影响旅游幸福感,又直接对旅游幸福感产生影响。因此,总体上讲,检验结果验证了旅游代际互动在老年人旅游体验与旅游幸福感间的中介作用。

柯林斯的互动仪式链理论认为,互动行为产生于一定的情境之中,人际互动行为的目的是满足自身的社会需求和获得新的情感能量(兰德尔·柯林斯,2004)。从本质上讲,无论是正面的支持互动,还是负面的冲突互动,都体现了自身对多种需求的追求和满足。按照此观点,旅游代际支持互动行为就是老年旅游者基于旅游体验情境,希望与子女共同参与旅游活动、共同分享旅游带来的快乐、共同回忆美好的旅游经历,或期望得到子女的鼓励、认可和帮助,以此获得新的情感能量,从而提升其幸福感。同样,在旅游活动情境中,代际双方由于对旅游体验的不同认知和看法,而发生的冲突或对抗等符号互动,也是基于各自对不同价值需求的追求,即使这种冲突互动使老年旅游者产生负向情绪及幸福感降低。

本书研究结果证实了旅游代际互动行为是将旅游体验与旅游幸福感进

行联系的纽带,旅游体验引发了不同的旅游代际互动行为,并作用于旅游幸福感感知。因此,在老年人旅游活动中,要特别关注代际双方相互的认识、价值观和情感因素的作用,尤其是代际的支持互动行为,因为提升旅游幸福感的关键性互动在于双方的良好互动和沟通。

5.1.4　孝道调节作用的结果讨论

在中国传统儒家文化影响下,代际的互动交流普遍受孝道观念的影响。

老年人旅游活动中,孝道如何调适旅游代际互动行为,进而对幸福感产生影响? 实证结果显示:将孝道作为调节变量的回归模型中,孝道与旅游代际冲突互动的交互项和孝道与旅游代际支持互动的交互项分别呈现出显著性,说明旅游代际互动对幸福感的影响产生时,孝道起到调节作用。取孝道在平均水平、高水平和低水平 3 种情况进一步进行调节效应分析,发现孝道水平越低,旅游代际冲突互动对幸福感的负向影响幅度越大;孝道水平越高,旅游代际支持互动对幸福感的正向影响幅度越大。

布迪厄、华康德(1998)指出,场域中的行动者受惯例与习俗的影响,将形成各自的性情系统和行动逻辑。按照布迪厄的场域理论,在家庭场域中,孝道作为一种基本的文化规范与传统习俗,将对代际双方的行动实践产生影响。在以往的研究中,熊跃根(1998)认为,"孝"的价值规范对代际支持起到较强的黏合作用,子女对父母的支持很大程度上仍然受传统孝道文化价值的影响。叶光辉、杨国枢(2009)等也提出,权威孝道要求子女陪伴、尊重和支持老年父母,互惠孝道则要求子女与老年父母保持良好的代际关系,不同类型的孝道对家庭代际关系和互动质量起到了重要的调适和塑造作用。熊波(2016)则从成年子女的孝道观念出发,进一步证实了子女的孝道观念如赡养父母意愿、家庭主义观等对子女的经济支持、劳务支持、情感支持和代际总支出均有显著的积极影响。

本书研究结果支持了以上观点,即孝道水平越高,对代际支持互动行为的积极影响越大,从而对幸福感的提升作用也越大。同时,在研究中进一步发现孝道越弱化对代际冲突互动行为的负向影响越大,对幸福感的提升作用就会降低。因此,对于老年人这一特殊旅游消费群体而言,子女对孝道的坚守或强化,对其开展旅游活动以及提升旅游幸福感具有重要的推动作用。此外,与以往研究不同的是,本书并非从社会期望或成年子女视角对孝道的作用机制进行研究,而是从老年人视角理解他们对孝道的诠释以及对代际互动行为的影响。

5.2　理论贡献

本书从理论上看,可以归纳出以下 3 个理论贡献。

5.2.1　丰富了老年人旅游体验的本土化理论研究

本书基于中国本土化旅游情境,通过质性研究构建了新时代老年旅游者的旅游体验理论框架,对施密特顾客体验理论进行了修正,形成了中国特色的老年人旅游体验结构维度,并通过实证数据检验了不同的旅游体验维度对幸福感的影响效果。

在旅游体验研究中,体验双因素理论的娱乐、教育、逃避现实和审美 4 种消费体验,以及顾客体验模型框架下的感官体验、感觉体验、思考体验、行动体验和社会关联体验得到了广泛的认同。国内研究大都基于这两种基本理论,从消费者参与程度和环境相关性视角,在宏观层面分析了不同旅游活动类型的体验维度,如湿地生态旅游的审美体验、情感体验和行为体验;邮轮旅游者的学习、放松、自我关照、家庭关系、健康等体验;骑行旅游者的知觉体验、情感体验和反思体验等。显然,以往研究没有区分不同旅游消费者的年龄、生理心理状况和消费方式特点,难免会对旅游体验的复杂性与特殊性认识不足。老年旅游者,作为中国深度老龄化社会中的主要群体,在旅游消费动机、消费选择、消费购买、消费过程等方面有其独特的偏好和倾向,与其他群体的旅游体验相比存在较为明显的差异,需要对其旅游体验的关键特征进行重新建构。

因此,本书在质性研究的基础上聚焦了老年旅游者的旅游体验特征,修正了施密特顾客体验理论中的相关维度,尤其是构建了情绪体验维度、情感社交体验维度和认知体验维度,更加凸显了老年旅游者在旅游活动中感受到的诸如放松、舒适、愉悦、享受、新奇、兴奋等情绪变化体验,对旅游中人、事、物的交往互动的情感理解获得的温暖尊重、亲情孝道等情感社交感知,以及通过对旅游中相关事件的自我反思形成的判断、知觉、思考与感悟。同时,发现了老年旅游者在旅游活动中获得的积极情绪、亲情交流、自我认同以及社会价值方面的体验将显著提升其旅游幸福感,而感官层面的体验感知并不会直接影响其幸福感水平。

从老年人旅游体验维度的探索性、验证性因子分析结果可以看出,老年人旅游体验是一个从感官到心理、从个体价值到社会价值的多元复杂的体验综合体,包括通过视觉、触觉、听觉等基本功能获得的感官体验,通过旅游活动感受到的心理变化过程,通过社交对旅游心理状态的主观感知,通过旅游过程形成的思考感悟,以及将个体与社会价值相联系的关联体验,各维度之间既聚合又相互区别,在数据检验中呈现较为稳定的结构。从老年人旅游体验对旅游幸福感的显著影响来看,这种多维度的旅游体验直接或间接地对旅游幸福感产生影响。本书聚焦本土化视角,对中国老年人旅游体验结构维度的建构,丰富了老年人旅游体验的理论研究。

5.2.2　深化了旅游者幸福感的理论内涵

本书从社会学和心理学的交叉视角引入了整合幸福感理论,并将此应用于对旅游者幸福感的探讨,通过质性研究构建了包括主观幸福感、心理幸福感和社会幸福感 3 个层面的老年人旅游幸福感结构维度和测量指标,对以往侧重主观幸福感或心理幸福感单一维度的旅游幸福感评价体系进行了补充和修正,并通过实证数据检验了老年人旅游幸福感的这种整合发展趋势。

从旅游者幸福感理论研究的进展来看,基于主观幸福感概念将旅游幸福感看作旅游者在旅游活动过程中因体验生发的积极情绪、消极情绪或生活满意度,在一段时间内占据了研究的主流。实际上,越来越多的研究发现旅游活动不仅可以为旅游者带来情绪和生活满意度上的变化,还能让旅游者获得个人成长、自我接受、独立掌控等心理幸福感的体验要素,以及旅游者在社会环境中的存在状态、关系质量、对他人和社会产生的价值意义等社会层面的幸福感体验。因此,旅游幸福感研究从单一维度的理论探讨开始向多维度的融合转向,例如出现了将主观幸福感和心理幸福感进行融合探讨旅游者幸福感,或将情感幸福感、认知幸福感和社会幸福感融合测量旅游幸福感水平等研究。但目前此类研究还缺少对特定旅游消费者如老年旅游者幸福感的深入分析,也未有足够的实证数据支持。

因此,本书在质性研究的基础上,构建了包括主观幸福感、心理幸福感、社会幸福感3个维度,以及生活满意、心情愉悦、得到认同和尊重、充满活力与激情、对社会有价值等8个测量指标的老年人旅游幸福感评价体系,通过探索性、验证性因子分析发现,各维度之间既聚合又相互区别,在数据检验中呈现较为稳定的结构。同时,相比过往单一维度视角,从主观、心理和社会三者融合的视角更能全面具体、深层次地反映出旅游活动对老年旅游者的价值意义,一定程度上深化了旅游者幸福感的理论内涵。

5.2.3　拓展了旅游体验与旅游幸福感的理论关系

本书从代际互动和孝道视角,将旅游体验、旅游代际互动和旅游幸福感三者结合,构建了"旅游体验—旅游代际互动—幸福感"的关系模型,厘清了老年人旅游体验的5个不同维度如何通过代际互动和孝道行为影响旅游幸福感的逻辑关系,通过实证数据验证了旅游代际互动在旅游体验和旅游幸福感中的中介作用,以及孝道行为对旅游代际互动的调节作用,进一步拓展了旅游体验与旅游幸福感的理论关系,为研究中国老年人旅游行为的价值意义提供了新的理论视角。

以往研究对于旅游人际交往行为的价值探讨已有较多论述,如在旅行中通过游客之间的互动交流,可以互相协助共同解决遇到的困难;通过与当地居民之间的互动,了解文化民俗,获得认知能力的提高;通过与旅游服务者之间的良好互动,身心得到放松、精神获得愉悦、情感得以慰藉,满足旅游者追求幸福人生的需求。实际上,旅游人际交往行为的价值意义不仅存在游客与游客、游客与目的地居民、游客与服务者之间的"旅游同伴"际遇领域,还普遍发生在家庭场域中的代际互动行为中。基于中国特有的家庭观念,旅游中家庭代际互动既包括共同出游发生的互动，如共同参与活动、共同回忆、共同评价旅游经历等；也包括未共同出游时发生的远程交往互动，如通过电话、微信等通信技术分享交流旅游事件，以及互相关照、提醒和帮助等；还包括相互之间的分歧、言语或行为上的冲突互动。

需要指出的是，旅游代际互动行为既不同于作为个体的旅游者或一般团体旅游者在旅游地的互动，也不同于旅游主客互动、游客间互动，这种互动行为和旅游体验紧密相关。以往研究较多地聚焦于旅游人际交往互动如何塑造和影响旅游体验的生成，即将旅游互动行为作为旅游体验的前置变量。本书则在分析家庭场域特点、互动仪式链理论的基础上，将旅游代际互动作为旅游体验引发的一个结果变量，即旅游体验引发了何种类型的旅游代际互动行为。实际上，旅游者在旅游过程中的体验越丰富，其互动和参与度就越高，如旅游代际主体之间的价值观与思维方式、文化取向等方面的差异，形成不同的旅游体验感知，促使不同代之间发生分歧或冲突互动；或旅游代际主体一方的积极旅游体验促使另一方对其在情感、工具上的支持互动。此外，以往研究较多地从社会期望或成年子女视角，探讨孝道对代际互动行为的影响，本书则是从老年人视角理解他们对孝道的诠释以及对代际互动行为的影响。因此，本书将旅游代际互动行为和孝道引入，将之分别作为中介变量和调节变量，对旅游体验和旅游幸福感之间的关系进行深入发掘和理论模型构建，是对以往研究的一个突破，具有一定的创新意义。

本书通过质性研究构建了老年人旅游代际互动的两个维度，以及分享交流、互相帮助、共同参与活动、共同回忆、共同评价、意见分歧、言语冲突、行为不一致等 8 个测量指标，通过探索性、验证性因子分析发现，各维度之间既聚合又相互区别，在数据检验中呈现较为稳定的结构。从老年人旅游体验对旅游代际互动的显著影响来看，不同维度的旅游体验对旅游代际冲突互动和旅游代际支持互动都产生相应的影响，结构方程模型的实证检验结果进一步表明了旅游代际互动的中介作用，老年人在旅游活动中获得的旅游体验通过不同形式的旅游代际互动行为直接或间接地对其旅游幸福感产生影响。同时，从孝道行为对旅游代际互动的调节效应来看，子代的不同孝道水平调节了旅游代际冲突互动与旅游代际支持互动对旅游幸福感的影响幅度。本书从理论和实证两个层面论证了"旅游体验—旅游代际互动—幸福感"三者之间的作用关系和影响机理,揭示了老年人旅游幸福感影响机制的特殊性。

5.3　实践启示与建议

5.3.1　对旅游企业的启示与建议

(1)改善老年旅游产品的体验感

在研究中发现,老年旅游者的积极旅游体验对旅游幸福感产生显著的正向影响,尤其是在旅游活动中获得的积极情绪体验、情感社交体验、认知体验以及社会关联体验会显著提升其幸福感水平。这说明老年旅游产品的设计,不能简单地只满足其在自然风光、设施等感官体验方面的表层需求,而应更注重其通过旅游实践在情绪情感、自我认知与社会认知上的积极体验建构。马凌(2009)指出,旅游体验不是旅游者纯粹性的生理性体验,而是旅游者在寻找和观看的过程中进行建构的。旅游中旅游者的身体实践,不仅能获得自我认知,还能获得社会认知(樊友猛、谢彦君,2017)。可见,旅游体验是社会建构的产物。马天、谢彦君(2015)从系统论视角研究了旅游体验的社会建构,认为旅游体验社会建构主体包括政府、旅游企业、旅游者、目的地居民以及他人等,旅游体验不单是旅游者自身的事情,同时也是多主体建构的结果,就像商品一样被制造出来。因此,作为旅游体验建构主体之一的旅游企业应着重改善有助于激发老年旅游者旅游体验建构的环境,设计更具体验感的旅游产品,丰富旅游体验元素,提升旅游体验服务。比如,通过商业筹划,开发符合老年人世界观、价值追求、生理心理需求特点的旅游路线和目的地环境,借助文化生产和 VR、MR 等信息化科技手段,让老年旅游者获得放松、舒适、愉悦等积极情绪的同时,进一步激发其情感、拓展其社交、开阔其视野、引发其思考,使其感受到自我建构能力的提升,并使其对未来社会生活充满美好憧憬。

(2)提升老年旅游项目的代际互动性

在研究中发现,一方面,老年人旅游中的代际互动行为对旅游幸福感有显著的影响,而提升旅游幸福感的关键性互动则是不同代之间的支持性行为。在访谈中,我们发现老年人与"未同行"子女和"共同出游"子女间均会发生分享、关心、鼓励、理解、回忆、评价等支持性行为,比如老年旅游者主动将旅游经历与未同行子女进行分享交流,不仅让其感到心情愉悦,同时也提升了其对自身价值、自我存在的认同,获得心理上的满足感,而未同行子女通过倾听老年人的旅游感受以及对其健康、安全上的关照提醒等情感支持行为提升了老年旅游者的积极情绪。另一方面,共同出游的代际双方在旅游中互相鼓励、互相迁就和共同参与活动,以及旅游后的共同回忆、共同评价,不仅让旅游活动变得顺利,也使老年旅游者的情绪和行为更为积极。这说明老年群体外出旅游不仅仅是传统意义上的逃离日常生活、观光休闲或时间消遣,实际上也希望通过旅游活动与家人之间建立更紧密的联系,获得更高层次的价值意义。屈小爽(2018)在家庭旅游互动行为研究中发现,旅游活动中家庭成员之间的正面互动对旅游体验价值起到正面显著的促进作用。因此,旅游企业设计老年旅游项目时,要注重对旅游场景、活动、互动等各环节的精心设计,提供代际互动与建立关联的机会。比如,在旅游中设计一些需要不同代之间通过合作、互助完成的项目,调动家庭成员的参与热情,增加代际的互动交流;开发一些老年人喜爱或具有纪念意义的旅游场景,以及可供老年人或代际双方拍照合影、聊天聚会的景点场所,创造与家庭意义有关的便于分享、回忆和评价的旅游经历。

(3)注重拓展老年旅游细分市场

老年人旅游幸福感包含了主观幸福感、心理幸福感和社会幸福感 3 个不同层面构成的积极感知。不同类型的旅游消费活动和体验将使旅游者获得不同的幸福感(Filep,2012;Puczkó & Smith,2012)。在质性研究中,我们发现老年人旅游在出游动机、出游方式、出游时间、出游成员构成等方面具有独特的偏好特征,不同的旅游消费过程形成了不同的旅游体验,进而在旅游幸福感上表现出差异。因此,要进一步完善老年旅游市场的多元化供给。

"银发旅游"将是今后旅游消费领域的重要经济增长点,旅游企业应重点关注老年旅游细分市场的拓展与服务品质提升。首先,结合老年人对健康保健、生活质量与自我提升的出游动机,充分利用自然生态、人文文化资源,开发集观赏、休闲、康体、游乐于一体的"康养旅游"和"保健旅游"市场。其次,根据老年旅游者"单人出行""夫妻出行""与成年子女出行"以及"三代共同出行"的不同成员构成,拓展诸如"主题旅游"和"文化旅游"等考虑老年人个性偏好的旅游市场,以及注重家庭成员互动交流的"代际旅游"和"亲子旅游"等旅游品牌,强化旅游吸引力。最后,根据老年人出游方式和出游时间特征,建立健全服务规范和标准,重点在旅游主题设计、出游定价、交通食宿安排、医疗保障、项目开展等方面凸显服务细节,从身体感官、心理与精神等层面让老年人获得高品质的旅游服务。

5.3.2 对旅游行业管理的启示与建议

(1)加强老年旅游市场管理

在质性研究中,我们发现老年旅游市场中出现的"低价购物团""保健品绑架消费"等旅游陷阱现象,以零团费或促进老年人健康为掩饰,不仅使老年旅游者上当受骗,而且引发了不同代之间的意见分歧、言语冲突甚至对抗行为。这种旅游代际冲突互动的根源与本质主要在于代际知识文化体系、生活经历以及人的生命周期特点引发的价值追求差异,使不同代之间对旅游体验形成了不同看法和评价。马新建(2007)指出,人类在交往和互动时,会因为各种原因而产生争论、竞争和对抗,从而使彼此之间的关系出现不同程度、不同表现形式的紧张状态,这种紧张状态持续性存在就会产生冲突。在定量研究中我们进一步发现,老年人旅游中的代际冲突互动对旅游幸福感有显著的负向影响。因此,旅游行业管理部门应加强旅游市场秩序的管理,减少因旅游负面事件引发的代际冲突互动行为。首先,积极改善营商环境,出台相关法规条例,严厉打击各类旅游陷阱,做好老年人旅游市场的规范化、标准化建设,打造更为可靠、可信的旅游市场秩序;其次,引导旅游企业重视老年旅游产品与服务的品牌化经营,树立服务意识,对旅游营销、渠道建立、服务理念等方面进行更为有效的规划与实施,降低老年旅游者及其家庭成员对旅游市场的信任成本。

(2)创新老年旅游消费政策

老年人参与旅游活动的过程是积极老龄化的显性表现,可以提升老年人的身心健康与幸福感。在质性研究中,我们发现目前一些政策一定程度上限制了老年人外出旅游。比如,旅行社对 75 岁以上的老年人参团旅游设定了家属签字或陪同等附加条件,不利于具有独立出游意愿、身体健康的高龄老年人出游。党的十九大报告指出,要"积极应对人口老龄化,构建养老、孝老、敬老政策体系和社会环境"。积极老龄化的核心要义在于创造较好的环境,保障老年人参与社会各类活动的能力和权利。因此,旅游行业管理部门应深化旅游消费供给侧结构性改革,不断改善老年旅游消费的环境,创新旅游消费政策,激发老年旅游消费的兴趣与意愿,提高其旅游参与度。首先,积极鼓励开发旅游消费保险产品,提高老年人旅游抗风险能力,减少高龄老年人参与旅游活动的担心和顾虑,尊重不同老年旅游群体的多样化选择,将潜在旅游市场转化为现实消费。其次,推出一些促进老年旅游消费的惠民和便民措施,如实施旅游景点门票降价或减免、景点淡季免费开放、景区免费体验等活动,营造安全便捷和优质的消费环境,提高老年人出游意愿。最后,充分利用数字与互联网技术,促进新的旅游消费模式形成,降低旅游产品的生产、营销与销售成本以及老年旅游者的精力、时间与资金成本,进一步刺激老年旅游消费。

(3)倡导坚守家庭孝道文化

在研究中发现,老年旅游者家庭子女的不同孝道水平能调节旅游代际互动行为对旅游幸福感影响的强弱。子女孝道水平越低,旅游代际冲突互动对幸福感的负向影响幅度越大;子女孝道水平越高,旅游代际支持互动对幸福感的正向影响幅度越大。该研究结论充分说明了老年旅游者家庭子女的孝道情况与旅游代际互动存在紧密的联系,并对旅游幸福感产生重要的影响。Zhang 等(2006)指出,在中国,孝道被认为是促进家庭养老文化的主要力量。老年人把子女的尊重、顺从、情感关怀、家庭奉献等作为一种重要的孝道行为。这种基于儒家思想的孝道文化价值观帮助中国社会建立了稳定的社会结构和有序的代际交往(Chang，1997)。但随着现代化进程的加快以及社会的变革，子女对老年人的孝道逐渐减弱。因此，旅游行业管理部门应积极宣传、引导家庭成员在老年人旅游活动中给予更多的关爱、尊重与共情。比如，主动策划出行或陪同出游，帮助老年人实现年轻时未实现的目标，满足其自我提升的期望，让老年人感受子女表达的养育之恩；正确认知老年人的旅游消费心理和价值追求，尊重其消费选择偏好，关心他们在旅游活动中的安全、健康、社交等需求，让老年人感受到子女的关爱；积极鼓励老年人分享自己的旅游经历与情绪表达，欣赏和赞扬其获得的旅游体验感知，让老年人感受到子女与其在思想和情感上的共情。

第 6 章
研究结论与展望

　　本章总结了研究结论，指出了研究的创新点。在此基础上，明确研究存在的不足，并对未来研究提出展望。

6.1 研究结论与创新点

6.1.1 主要研究结论

本书围绕以下问题逐步展开:新时代老年旅游者对旅游体验有什么样的感知特征?不同的旅游体验感知对老年旅游者的幸福感有怎样的影响?旅游体验引发了怎样的代际互动行为,进而在旅游幸福感上的表现如何?孝道发挥了什么作用?基于相关理论、已有文献及本书质性与定量研究,主要得出以下4个方面的结论。

(1)老年人旅游体验、旅游代际互动的结构维度

第一,老年人旅游体验的5个维度。旅游体验来自旅游消费过程。老年人旅游消费行为受生活阅历、身体机能状况、经济水平、消费习惯、价值追求以及旅游类型、家庭场域特征等内外部因素的影响,旅游体验有其特殊性和复杂性。为了研究新时代中国老年旅游者的旅游体验感知情况,本书对"空巢家庭即老年人独居"和"非空巢家庭即与子代同住"两类共18个家庭、20位老年旅游者进行了深度访谈,向受访者了解12个月内最近的这次出游的旅游体验内容、质量与评价情况。采用三级编码过程对访谈数据中的旅游体验概念进行提取,共提取63个初始编码,对概念类属进行关联性分析和重新归类后提取16个次要类属,合并为5个主要类属,最终将老年人旅游体验分为五大类:感官体验、情绪体验、情感社交体验、认知体验、社会关联体验。在质性分析的基础上,结合相关理论和已有量表,设计出老年人旅游体验量表。基于先导性测试数据($N=156$)和实证定量研究数据($N=502$),分别进行了信度检验、探索性因子分析和验证性因子分析,进一步证明了该量表的聚合效度和区分效度都较为理想,具有较好的建构效度。最终,老年人旅游体验正式量表包括感官体验、情绪体验、情感社交体验、认知体验、社会关联体验5个维度,以及放松、舒适、拉近家人关系、开放思想格局等15个测量指标。本量表为研究中国本土老年旅游者的旅游体验情况提供了测量工具,对今后开展针对老年人这一特殊群体的旅游消费体验研究具有借鉴意义。

第二,老年人旅游代际互动的两个维度。以往对旅游互动行为的研究,较多地集中在游客间互动、游客与目的地居民互动以及游客与服务者之间的互动,关于旅游代际互动行为的研究较为缺乏。基于文献,本书认为积极的旅游体验将提升旅游者的互动性和参与度,老年旅游者在旅游过程中的积极体验与感知,则会引发代际的互动交流。根据场域理论、代际互动理论、冲突理论等已有研究成果,通过质性分析,共提取 42 个初始编码,进行关联式编码后提取 15 个次要类属,合并为 2 个主要类属,最终将老年人旅游代际互动分为两大类:旅游代际冲突互动和旅游代际支持互动。在质性分析的基础上,结合已有量表,设计出老年人旅游代际互动量表。通过对量表的信效度检验、探索性因子分析和验证性因子分析,证明了量表及各层面测项间关联程度及内部一致性比较好,具有较好的聚合效度和区分效度。最终,老年人旅游代际互动正式量表包括旅游代际冲突互动、旅游代际支持互动 2 个维度,以及分享交流、互相帮助、共同参与活动、共同回忆、共同评价、意见分歧、言语冲突、行为不一致等 8 个测量指标。本量表为有效测量老年人旅游代际互动行为提供了依据,同时拓展和丰富了旅游互动行为的研究视野。

(2)老年人旅游幸福感的整合评价体系

以往关于旅游者幸福感的研究较多停留在主观幸福感层面的探讨,不能全面反映旅游活动带来的更深层次的价值和意义。旅游幸福感包含了旅游者在旅游消费活动的不同阶段生发的由主观幸福感、心理幸福感和社会幸福感等 3 个层面构成的积极感知。整合幸福感是将主观幸福感、心理幸福感、社会幸福感进行融合分析,目前在旅游领域仅从旅游企业主层面对 3 个方面的幸福感进行了测量,但对旅游者层面的整合幸福感研究较为缺乏,更缺少实证支持。本书根据整合幸福感理论模型、旅游幸福感理论等已有研究成果,通过质性分析,共提取 42 个初始编码,进行关联式编码后提取 10 个次要类属,合并为 3 个主要类属,最终将老年人旅游幸福感分为三大类:主观幸福感、心理幸福感、社会幸福感。在相关量表和质性分析的基础上,编制老年人旅游幸福感量表。通过对量表进行信效度检验、探索性因子分析和验证性因子分析,证明了量表的建构效度较好,包括聚合效度和区分效度都十分理想,说明量表总体的质量较高。最终,老年人旅游幸福感量表包括主观幸福感、心理幸福感、社会幸福感 3 个维度,以及生活满意、心情愉悦、得到认同和尊重、充满活力与激情、对社会有价值等 8 个测量指标。本量表构建了老年人旅游幸福感的整体评价体系和测量指标,为从主观、心理和社会三者融合的视角测量老年旅游者的幸福感水平提供了依据,是对旅游者幸福感评价体系的深化与创新。

(3)老年人旅游体验、旅游代际互动、旅游幸福感的作用关系

基于文献和相关理论,本书分析了老年人旅游体验、旅游代际互动和旅游幸福感之间的内在逻辑关系,提出:老年旅游者在旅游过程中的积极体验与感知,会引发不同形式的代际互动行为,代际冲突互动或代际支持互动将进一步影响老年旅游者的幸福感。因此,本书从旅游代际互动的视角剖析老年人旅游体验与旅游幸福感之间的作用机制,构建了"旅游体验—旅游代际互动—幸福感"的关系模型,提出了不同维度的旅游体验、旅游代际互动与旅游幸福感的关系假设。

本书通过质性研究进一步对关系模型进行了合理性分析,质性分析结果充分说明了本书提出的研究假设和关系模型是合理的,同时根据研究结果在老年人旅游体验变量中增加了"情感社交体验"维度。在分析 156 份前测问卷量表数据的基础上,通过线下调查和线上调查相结合的问卷调查方式,共回收有效问卷 502 份,使用 AMOS 结构方程模型对相关假设进行验证,研究结果表明:①老年人旅游体验对旅游幸福感有显著的正向影响,其中,积极的情绪体验、情感社交体验、认知体验和社会关联体验对旅游幸福感有显著的正向影响,但积极的感官体验并没有对旅游幸福感直接产生显著的正向影响。②一方面,老年人旅游体验对旅游代际互动有显著的影响,其中,积极的情绪体验和社会关联体验对旅游代际冲突互动有显著的负向影响,但积极感官体验、情感社交体验和认知体验却对旅游代际冲突互动起到显著的正向影响,这与假设相反。另一方面,积极的情感社交体验和认知体验对旅游代际支持互动存在显著的正向影响,但积极的感官体验和社会关联体验则对旅游代际支持互动的影响不显著,此外,积极的情绪体验对旅游代际支持互动却存在

显著的负向影响,这与假设的结果也相反。③旅游代际互动对旅游幸福感有显著的影响,其中,旅游代际冲突互动对旅游幸福感有显著的负向影响,旅游代际支持互动则对旅游幸福感产生显著的正向影响。④旅游代际互动在老年人旅游体验与旅游幸福感之间起中介作用,其中,积极的感官体验主要通过旅游代际冲突互动间接影响旅游幸福感,积极的社会关联体验既通过旅游代际冲突互动间接影响旅游幸福感,又直接对旅游幸福感产生影响,积极的情绪体验、情感社交体验和认知体验则分别通过旅游代际冲突互动和旅游代际支持互动间接影响旅游幸福感,又直接对旅游幸福感产生影响。

因此,老年旅游者"旅游体验—旅游代际互动—幸福感"关系模型和假设的提出,拓展了旅游体验与旅游幸福感关系的理论与实证研究,对从旅游情境中的代际互动视角理解旅游体验与旅游幸福感提供了依据。

(4)孝道在旅游代际互动行为与旅游幸福感之间的调节作用

根据文献和相关理论,本书提出:在老年人旅游活动中,不同代之间的互动交流受孝道观念影响,不同的孝道水平将调节旅游代际互动行为对旅游幸福感影响的强弱度。已有文献对孝道的测量,较多采用的是双孝量表(Dual Piety Scale,DFPS)、当代孝道十项量表(CFPS-10)等,本书考虑主要从老年旅游者视角理解其对孝道的诠释,因而采用中国老年人孝道量表(FPSCE)的12个测项进行整体测量。通过对该孝道量表的信效度检验、探索性因子分析和验证性因子分析,证明了量表具有较高的可靠性,且具有较好的建构效度,量表的聚合效度和区分效度都比较理想。使用 SPSS 回归模型对相关假设进行验证,研究结果表明:孝道水平越低,旅游代际冲突互动对幸福感的负向影响幅度越大;孝道水平越高,旅游代际支持互动对幸福感的正向影响幅度越大。因此,实证研究结果充分证明了孝道作为一种制度化的文化规范,在老年人旅游代际互动与旅游幸福感之间起到重要的调节作用。

6.1.2 研究创新点

本书研究的创新之处,主要体现在以下 4 个方面。

①基于本土化旅游情境,构建了新时代中国老年旅游者的旅游体验结构维度,相比以往在体验双因素理论和顾客体验模型框架下对国外老年人旅游

案例的分析研究,更能准确反映出中国老年旅游者的旅游体验特征。通过质性研究,探索出老年人旅游体验 5 个维度的结构量表:感官体验、情绪体验、情感社交体验、认知体验、社会关联体验,经验证该量表具有较好的信度和效度,为更深入地研究中国本土老年旅游者的旅游体验情况提供了测量工具。

②从整合幸福感理论视角,构建了包括主观、心理、社会 3 个维度的老年人旅游幸福感评价体系,较以往侧重主观幸福感单一维度的评价指标,更能全面具体、深层次地反映出旅游活动对老年旅游者的价值意义,是对旅游幸福感研究的深化与发展,对研究老年旅游市场和老年旅游者具有指导意义。

③将代际互动理论引入旅游人际交往研究,突破了以往单纯地考虑游客与游客、游客与目的地居民、游客与服务者之间的"旅游同伴"际遇交往行为的局限性,将旅游互动行为研究延伸到家庭代际场域。通过质性研究构建了旅游代际冲突互动和旅游代际支持互动 2 个维度的结构量表,经验证该量表具有较好的信度和效度,为有效测量老年人旅游代际互动行为提供了依据,同时拓展和丰富了旅游互动行为的研究视野。

④从旅游代际互动视角剖析老年人旅游体验与幸福感的内在逻辑关系,基于相关理论,构建"旅游体验—旅游代际互动—幸福感"的关系模型,从理论和实证两个层面论证了三者之间的作用机制和影响机理。本书提出,老年旅游者在旅游过程中的积极体验与感知,会引发不同形式的代际互动行为,代际冲突互动或代际支持互动将进一步影响老年旅游者的幸福感,同时子女孝道将调节旅游代际互动行为对旅游幸福感的影响效果。该关系模型通过代际互动这一旅游中的人际交往行为,将旅游体验与幸福感有机结合,揭示了老年人旅游幸福感影响机制的特殊性,具有一定的创新意义。

6.2　研究不足与展望

本书基于已有文献及相关理论,对新时代老年人旅游体验、旅游代际互动及旅游幸福感进行了质性分析和实证研究,探讨构建了老年人旅游体验、旅游代际互动的结构维度和整合旅游幸福感评价体系,并从旅游代际互动视角分析了老年人旅游体验与旅游幸福感的内在逻辑关系和影响机理以及孝道的作用机制,得出了相关结论。但笔者个人能力有限,研究还存在一些欠缺和不足,未来可以继续开展深入的研究。主要包括以下几个方面。

第一,调查样本的代表性和随机性有待进一步提高。一方面,尽管本书通过线上和线下相结合的问卷调查方式来提高样本的代表性和随机性,但由于老年群体的特殊性,不可避免地存在一些疏漏。比如,线上调查主要通过旅行社或旅游企业的网络平台、老年旅游微信群、老年旅游 QQ 群等填写问卷,这些方式无法覆盖到不会或不常使用智能手机与电脑的老年旅游者。线下调查主要集中在社区、老年活动中心、广场等地发放问卷,较难覆盖到居家活动的老年旅游者。另一方面,虽然调查覆盖了全国 17 个省(自治区、直辖市)的样本,与国内主要旅游市场的分布吻合,但也存在长三角、珠三角区域的样本居多,东北和西北地区的样本偏少;城市老年旅游者样本居多,乡镇农村的样本偏少等问题。未来可进一步利用全国性的老年旅游大数据、各地城市大脑等信息化技术,或开展大范围的入户调查,以更好地解决样本的代表性和随机性问题,使数据来源和结果更具说服力。

第二,老年人旅游体验研究的深度需要进一步拓展。本书对老年人旅游体验的研究,从内容上关注其在旅游过程中获得的体验感知,从时间历程上关注其在回程后的追忆体验,换言之,是老年旅游者结束旅游后对整个旅游体验的回忆。旅游者对旅游体验的记忆是易逝的,随着时间的推移,对体验的认知、感受和内容都有可能发生变化。从研究的深度上来讲,单纯从追忆体验视角考察老年人旅游体验,难免会有欠缺。实际上,旅游者体验是一个动态的变化过程且具有阶段性特征,一般从时间历程上可以分为预期体验、现场体验和追忆体验。因此,无论从理论层面还是实践层面,老年人旅游体验研究的内容还有很大的拓展空间。在未来研究中,可以通过心理学实验法,对老年旅游者在预期体验和现场体验阶段进行实时监测,虽有一定的难度,但对全面、深入研究老年人旅游体验具有重要的价值意义。

第三,老年人旅游代际互动行为有待更深入的挖掘和研究。在社会学领域中,代际关系一般是指上下相邻两代人之间的联系,包括微观层次的家庭内成员之间的关系和宏观层次的社会上不同代之间的交往关系,其中,家庭中的亲子关系被认为是代际关系的起点。因此,对于代际互动行为的研究较多地关注于家庭中亲代与子代之间互助、互惠、互补或冲突对抗等不同交往层面的活动。基于该观点,本书对老年人旅游代际互动行为的研究较多地侧重于老年父母与成年子女在旅游过程中发生的互动交流,未深入地分析老年人与孙辈之间的交往互动。实际上,祖代与孙代之间的交往行为也普遍发生在旅游活动中,对老年旅游者的幸福感也会产生影响。因此,在未来的研究中,可以拓展旅游代际互动的研究范畴,深入挖掘不同代际层次之间的交往行为,以进一步充实旅游体验、代际互动与幸福感之间的关系研究。

参考文献

艾尔·巴比. 2009. 社会研究方法(邱泽奇,译). 北京：华夏出版社.

安贺新,王乙臣. 2013. 民俗文化类旅游景区顾客体验影响因素实证研究——基于北京、湖南部分民俗文化景区的调查数据. 经济管理(5),118-127.

白凯,马耀峰. 2007. 入境旅游者体验质量动态评价研究——以西安入境欧美旅游者为例. 城市问题(2),96-100.

包亚芳. 2009. 基于"推—拉"理论的杭州老年人出游动机研究. 旅游学刊,24(11),47-52.

毕天云. 2004. 布迪厄的"场域—惯习"论. 学术探索(1),32-35.

布迪厄,华康德. (1998). 实践与反思. 北京：中央编辑局出版社.

蔡娟. 2015. 代际关系研究的缘起、主题与发展趋势——一个基于文献的述评. 中国青年研究(11),38-42,95.

曹芙蓉. 2008. 旅游银发族的世界格局及其需求特征. 旅游学刊(6),36-42.

陈才,卢昌崇. 2011. 认同：旅游体验研究的新视角. 旅游学刊,26(3),37-42.

陈钢华. 2007. 老年人旅游研究的中外比较. 桂林旅游高等专科学校学报(5),778-782.

陈浩彬,苗元江. 2012. 主观幸福感、心理幸福感与社会幸福感的关系研究. 心理研究,5(4),46-52.

陈俊勇. 2005. 中国老年消费市场研究. 经济界(4),68-70.

陈向明. 2000. 质的研究方法与社会科学研究. 北京：教育科学出版社.

陈晔,张辉,董蒙露. 2017. 同行者关乎己？游客间互动对主观幸福感的影响. 旅游学刊, 32(8), 14-24.

陈永昶,徐虹,郭净. 2011. 导游与游客交互质量对游客感知的影响——以游客感知风险作为中介变量的模型. 旅游学刊, 26(8), 37-44.

陈志霞,李启明. 2014. 幸福感整合模型在不同年龄及性别群体的验证. 中国临床心理学杂志, 22(1), 78-83.

陈治国. 2011. 布尔迪厄文化资本理论研究. (博士学位论文),北京：首都师范大学.

成伟,陈婷婷. 2009. 代际差异与冲突之分析. 长白学刊(6), 116-118.

邓隽. 2008. 老年旅游消费市场和消费行为研究. 湖北工业大学学报, 23(6), 37-38,47.

邓军,吴娜,傅安国,等. 2014. 海南温泉旅游者健康生活型态对其心理幸福感的影响. 重庆交通大学学报(社会科学版), 14(5), 59-62.

邓美德. 2014. 家庭场域下文化反哺的抗阻及教育对策研究. (硕士学位论文),重庆：西南大学.

亚里士多德. 2010. 尼各马可伦理学(邓庆安,译). 北京：人民出版社.

邓伟志,徐榕. 2001. 家庭社会学. 北京：中国社会科学出版社.

董雪旺,成升魁. 2015. 基于旅游消费技术的世界遗产地旅游体验满意度研究——以西湖和江郎山为例. 资源科学, 37(8), 1578-1587.

樊友猛,谢彦君. 2017. "体验"的内涵与旅游体验属性新探. 旅游学刊, 32(11), 16-25.

费孝通. 1983. 家庭结构变动中的老年赡养问题——再论中国家庭结构的变动. 北京大学学报(哲学社会科学版)(3), 6-15.

风笑天. 2009. 社会学研究方法. 北京：中国人民大学出版社.

符国群,张成虎,胡家镜. 2019. 基于孝道视角的"子代—亲代"家庭旅游过程分析：驱动因素、代际互动和旅游评价. 营销科学学报, 15(2), 1-18.

付业勤,郑向敏. 2011. 三亚老年旅游者动机及旅游体验研究. 海南师范大学学报(自然科学版), 24(4), 462-468.

高文举. 2009. 老年人生态旅游市场探析. 现代农业科技(17)，361-362.

高夏丽. 2020. 老年旅游的发生机制及旅游体验的意义建构——基于活动理论的视角. 云南民族大学学报(哲学社会科学版)，37(3)，116-123.

高圆，陈小燕. 2012. 旅游经济与目的地居民幸福感的关系研究. 福建省社会主义学院学报(4)，67-69.

葛米娜. 2007. 基于老年消费者的旅游消费决策模型研究——以武汉市为例. 现代商业(17)，241-242.

宫留记. 2007. 布迪厄的社会实践理论. (博士学位论文)，南京：南京师范大学.

谷传华，张文新. 2003. 情境的心理学内涵探微. 山东师范大学学报(人文社会科学版)(5)，99-102.

谷明. 2000. 我国旅游者消费模式与行为特征分析. 桂林旅游高等专科学校学报(4)，21-25.

郭亚军. 2010. 旅游者决策行为研究. (博士学位论文)，西安：西北大学.

郭一炜，李青松，王媛慧. 2017. 老龄化背景下智慧旅游 App 使用现状研究——以北京市为例. 贵州社会科学(9)，81-86.

郝静. 2017. 城市第一代独生子女家庭代际互动关系研究——基于2015年五省市调查数据. 山东社会科学(3)，76-80.

何金璐，艾少伟. 2021. 大明宫国家考古遗址公园旅游体验对游客文化认同影响研究. 地域研究与开发，40(3)，99-103，108.

洪彩华. 2007. 试从"反哺"与"接力"看中西亲子关系. 伦理学研究(2)，74-77.

洪文比. 2005. 我国老年旅游市场的开发与营销策略. 发展研究(9)，83-84.

侯国林，尹贻梅，陈兢. 2005. 上海老年人旅游行为特征及市场开发策略探讨. 人口与经济(5)，48-52.

胡道华，赵黎明. 2011. 基于旅游体验过程的游客感知评价. 湘潭大学学报(哲学社会科学版)，35(2)，80-84.

胡平. 2007. 老年旅游消费市场与行为模式研究——以上海为例. 消费经济(6)，86-89.

黄璜. 2013. 国外养老旅游研究进展与我国借鉴. 旅游科学，27(6)，13-24,38.

黄庆波,杜鹏,陈功. 2017. 成年子女与老年父母间代际关系的类型. 人口学刊，39(4)，102-112.

姜玲玲. 2008. 论体验经济时代下老年旅游产品的开发. 哈尔滨商业大学学报(社会科学版)(4)，117-119.

金波. 1998. 重视对老年旅游市场的开发. 市场与人口分析(3)，23-25.

凯西·卡麦兹. 2009. 建构扎根理论（边国英，译）. 重庆：重庆大学出版社.

亢雄. 2012. 旅游幸福及其研究之价值、视角与前景. 思想战线，38(1)：105-109.

兰德尔·柯林斯. 2004. 互动仪式链（林聚任,王鹏,宋丽君译）. 北京：商务印书馆.

郎富平. 2014. 老年人旅游消费行为研究——以浙江为例. 绍兴文理学院学报(自然科学)，34(4)，44-51.

黎筱筱,马晓龙. 2006. 基于群体心理特征的老年旅游产品谱系构建. 人文地理(1)，45-50.

李怀,程华敏. 2014. 旅游消费的体验镜像：一个合法性逻辑的分析. 兰州大学学报(社会科学版)，42(5)，58-66.

李丽娟. 2012. 旅游体验价值共创影响机理研究——以北京香山公园为例. 地理与地理信息科学，28(3)，96-100.

李琳,钟志平. 2011. 中国老年旅游研究述评. 湖南商学院学报，18(6)，100-104.

李普男,吴相利,潘玲玲. 2011. 影视主题公园旅游体验质量研究——以无锡影视主题公园为例. 企业经济，30(9)，114-118.

李全生. 2002. 布迪厄场域理论简析. 烟台大学学报(哲学社会科学版)(2)，146-150.

李真,李亨,刘贝贝. 2018. 补偿性消费理论视角下老年人旅游行为心理依据研究——以北京城市老年人为例. 干旱区资源与环境,32(4),196-202.

连灵. 2017. 大学生领悟社会支持和感恩在尽责性和心理幸福感间的序列中介作用. 心理技术与应用,5(3),154-159.

梁丹林. 1998. 银发市场亟待开发. 价格与市场(7),45-46.

廖翼曼. 2018. 旅游小企业主幸福感研究——以阳朔西街为例. 重庆:重庆工商大学.

廖玉凤. 2017. 基于模糊理论的老年人出游 App 用户体验研究.(硕士学位论文),徐州:中国矿业大学.

林南枝,陶汉军. 1995. 旅游经济学. 天津:南开大学出版社.

刘桂莉. 2005. 眼泪为什么往下流?——转型期家庭代际关系倾斜问题探析. 南昌大学学报(人文社会科学版)(6),1-8.

刘军林. 2010. 旅游体验质量评价体系模型及分析. 天津商业大学学报,30(6),19-23.

刘力. 2016. 老年人旅游动机与制约因素. 社会科学家(3),91-95.

刘睿,李星明. 2009. 老年群体旅游心理类型与特征分析. 旅游论坛,2(2),188-191.

刘汶蓉. 2012. 孝道衰落?成年子女支持父母的观念、行为及其影响因素. 青年研究(2),22-32,94.

刘阳,尹寿兵,刘云霞. 2018. 旅游幸福感研究综述. 云南地理环境研究,30(6),27-34.

龙江智. 2010. 旅游体验理论:基于中国老年群体的本土化建构. 北京:中国旅游出版社.

马凌. 2009. 社会学视角下的旅游吸引物及其建构. 旅游学刊,24(3),69-74.

马庆国. 2002. 管理统计:数据获取、统计原理、SPSS 工具与应用研究. 北京:科学出版社.

马天. 2017. 从满意度到愉悦度:旅游体验评价的一体化转向. 大连:东北财经大学.

马天,谢彦君. 2015. 旅游体验的社会建构:一个系统论的分析. 旅游学刊,30(8),96-106.

马新建. 2007. 冲突管理:一般理论命题的理性思考. 东南大学学报(哲学社会科学版)(3),62-67,127.

苗元江. 2003. 心理学视野中的幸福. 南京:南京师范大学.

苗元江. 2007. 幸福感概念模型的演化. 赣南师范学院学报(4),42-46.

苗元江. 2009. 心理学视野中的幸福:幸福感理论与测评研究. 天津:天津人民出版社.

倪旭东,王勤勤. 2018.国内心理幸福感研究综述——基于CNKI数据库的文献计量分析. 浙江理工大学学报(社会科学版),40(4),319-328.

潘光旦. 2000. 潘光旦文集. 北京:北京大学出版社.

潘雅芳,王玲. 2020. 后疫情时期我国康养旅游发展的机遇及建议. 浙江树人大学学报(人文社会科学),20(3),1-5,13.

裴泽生. 1995. 开发老年旅游初探. 商业经济与管理(6),68-69.

邱扶东,汪静. 2005. 旅游决策过程调查研究. 旅游科学(2),1-5.

屈小爽. 2018. 家庭旅游互动行为与体验价值研究.(博士学位论文),武汉:中南财经政法大学.

邵媛. 2019. 老年人康养旅游消费行为意向特征及影响因素研究——以南京市为例.(硕士学位论文),南京:南京师范大学.

沈鹏熠. 2012. 旅游体验对游客行为倾向影响的实证研究. 北京第二外国语学院学报,34(11),29,59-65.

沈汝发. 2002. 我国"代际关系"研究述评. 青年研究(2),42-49.

石金群. 2016. 转型期家庭代际关系流变:机制、逻辑与张力. 社会学研究,31(6),191-213,245.

石艳. 2002. 城市居民国内旅游消费行为研究.(硕士学位论文),济南:山东师范大学.

时应峰. 2007. 关于我国银发旅游消费市场的研究. 山东工商学院学报(4),44-47,52.

斯蒂芬·P.罗宾斯. 2005. 组织行为学(孙健敏,李原译). 北京:中国人民大学出版社.

宋欢,杨美霞. 2016. 养老旅游的概念与本质. 三峡大学学报(人文社会科学版),38(6),37-41.

宋佳萌,范会勇. 2013. 社会支持与主观幸福感关系的元分析. 心理科学进展,21(8),1357-1370.

宋健,黄菲. 2011. 中国第一代独生子女与其父母的代际互动——与非独生子女的比较研究. 人口研究,35(3),3-16.

孙涛. 2015. 儒家孝道影响下代际支持和养老问题的理论研究. 山东社会科学(7),131-135.

孙小龙,林璧属,郜捷. 2018. 旅游体验质量评价述评:研究进展、要素解读与展望. 人文地理,33(1),143-151.

陶权. 2014. 关于老年旅游决策过程的分析——基于理性选择理论的视角. 重庆与世界,31(10),52-54.

田崇玉. 2009. 家庭代际关系研究述评. 天府新论(1),108-112.

妥艳媜. 2015. 旅游者幸福感为什么重要. 旅游学刊,30(11),16-18.

王大悟,魏小安. 1998. 新编旅游经济学. 上海:上海人民出版社.

王丹. 2018. 旅游目的地老年旅游服务质量评价研究——以西双版纳为例. (硕士学位论文),郑州:郑州大学.

王建喜,张霞. 2008. 我国度假旅游发展的驱动机制. 社会科学家(12),91-94.

王梦斌. 2014. 邮轮服务场景、旅游体验与主观幸福感. (硕士学位论文),杭州:浙江大学.

王宁. 2007. 旅游中的互动本真性:好客旅游研究. 广西民族大学学报(哲学社会科学版)(6),18-24.

王树新. 2004. 社会变革与代际关系研究. 北京:首都经济贸易大学出版社.

王小欢. 2017. 城市居民公园满意度与游憩幸福感的关系研究——以南昌市为例. (硕士学位论文),南昌:江西师范大学.

王昕,李继刚,罗兹柏. 2012. 基于旅游体验的游客满意度评价实证研究. 重庆师范大学学报(自然科学版)，29(6)，87-92.

王艳婷，张鲁彬. 2016. 老年人旅游消费与影响因素关联度分析——基于京津冀地区 2006—2013 年面板数据. 中国人口·资源与环境，26(11)，124-129.

王跃生. 2008. 中国家庭代际关系的理论分析. 人口研究(4)，13-21.

魏宝祥. 2013. 民族地区旅游者行为与文化响应研究——以临夏回族自治州为例. (博士学位论文)，兰州：兰州大学.

吴帆. 2013. 代际冲突与融合：老年歧视群体差异性分析与政策思考. 广东社会科学(5)，218-226.

吴俊. 2018. 长三角城市老年人旅游决策前因及策略研究——基于具身认知视角. (博士学位论文)，杭州：浙江工商大学.

吴茂英，Philip L. Pearce. 2014. 积极心理学在旅游学研究中的应用. 旅游学刊，29(1)，39-46.

吴明隆. 2010a. 结构方程模型——AMOS 的操作与应用. 重庆：重庆大学出版社.

吴明隆. 2010b. 问卷统计分析实务——SPSS 操作与应用. 重庆：重庆大学出版社.

武虹剑，龙江智. 2009. 旅游体验生成途径的理论模型. 社会科学辑刊(3)，46-49.

谢爱民. 2009. 运用市场细分理论开发老年旅游市场. 企业家天地下半月刊(理论版)(9)，202-203.

谢礼珊，关新华，Catherine M. -S. 2015. 个体与组织情景因素对旅游服务员工创新行为的影响. 旅游学刊，30(2)，79-89.

谢彦君. 1999. 基础旅游学. 北京：中国旅游出版社.

谢彦君. 2005. 旅游体验研究——一种现象学的视角. 天津：南开大学出版社.

谢彦君. 2011. 基础旅游学(第三版). 北京：中国旅游出版社.

谢彦君，彭丹. 2005. 旅游、旅游体验和符号——对相关研究的一个述评. 旅游科学(6)，1-6.

谢彦君,谢中田. 2006. 现象世界的旅游体验:旅游世界与生活世界. 旅游学刊(4),13-18.

熊波. 2016. 孝道观念与成年子女的代际支持——基于中国三地农村的考察. 山东社会科学(4),52-58.

熊波,石人炳. 2016. 中国家庭代际关系对代际支持的影响机制——基于老年父母视角的视察. 人口学刊,38(5),102-111.

熊跃根. 1998. 成年子女对照顾老人的看法——焦点小组访问的定性资料分析. 社会学研究(5),74-85.

徐笑梅. 2019. 家庭场域中的代际学习研究.(硕士学位论文),南昌:江西师范大学.

闫静. 2015. 国外游客间互动研究的回顾与展望. 运城学院学报,33(1),69-73.

严标宾,郑雪. 2008. 解构幸福:从冯友兰的人生境界说看幸福感. 内蒙古师范大学学报(哲学社会科学版)(1),73-77.

杨海英. 2014. 国内外老年旅游研究综述. 北京劳动保障职业学院学报,8(4),34-40.

杨化龙,鞠晓峰. 2017. 社会支持与个人目标对健康状况的影响. 管理科学,30(1),53-61.

杨劲松. 2020. 后疫情时期我国旅游业改革创新发展的思考. 科学发展(6),86-92.

杨菊华,李路路. 2009. 代际互动与家庭凝聚力——东亚国家和地区比较研究. 社会学研究,24(3),26-53,243.

姚延波,侯平平. 2019. 近十年国外老年旅游研究述评与展望. 旅游论坛,12(2),82-94.

姚引妹. 2011. 中国人口年龄结构变动的经济效应研究——基于人口红利视角.(博士学位论文),杭州:浙江大学.

叶光辉,杨国枢. 2009. 中国人的孝道:心理学的分析. 重庆:重庆大学出版社.

尹殿格. 2009. 基于体验经济的旅游景区营销策略研究——以白洋淀景

区为例.（硕士学位论文），天津:河北工业大学.

游允中. 2008. 人口年龄结构的相对概念. 人口与发展(1)，74-76,82.

于洋,王尔大,王忠福. 2008. 我国老年旅游市场的现状研究. 经济问题探索(5)，135-137.

余凤龙. 2015. 发达地区农村居民旅游消费行为特征与影响机制研究——以苏南地区为例.（博士学位论文），南京:南京师范大学.

约翰·斯沃布鲁克,苏珊·霍纳. 2004. 旅游消费者行为学(俞慧君,张鸥,漆小艳译). 北京:电子工业出版社.

张磊. 2008. 浅谈亲子教育旅游的发展. 今日科苑(20)，40-41.

张凌云. 1999. 旅游者消费行为和旅游消费地区差异的经济分析——兼与余书炜同志商榷. 旅游学刊(4)，65-69.

张天问,吴明远. 2014. 基于扎根理论的旅游幸福感构成——以互联网旅游博客文本为例. 旅游学刊,29(10),51-60.

张文娟,李树茁. 2005. 子女的代际支持行为对农村老年人生活满意度的影响研究. 人口研究(5)，73-80.

张运来,李跃东. 2009. 基于内容分析法的老年人旅游动机研究. 北京工商大学学报(社会科学版)，24(5)，101-106.

郑希付. 2008. 我们的幸福感. 广州:暨南大学出版社.

郑晓丽. 2012. 基于代际关系的家庭旅游决策影响因素研究.（硕士学位论文），长沙:中南林业科技大学.

中国代际关系研究课题组. 1999. 中国人的代际关系:今天的青年人和昨天的青年人——实证研究报告. 人口研究(6)，56-62.

周兰珍. 2007. 文化场域与生态伦理建设. 南京政治学院学报(5)，54-57.

周蜀溪. 2013. 社会支持与真实幸福感的关系:希望的中介作用. 中国临床心理学杂志,21(3)，499,515-517.

周晓贞,杨红英,刘晓石. 2014. 基于网络游记的川藏骑行旅游动机和旅游体验分析. 旅游纵览(2),337-339.

周彦莉. 2014. 消费者决策网络及应用研究.（博士学位论文），济南:山东大学.

邹统钎,高中,钟林生. 2008. 旅游学术思想流派. 天津：南开大学出版社.

邹统钎,吴丽云. 2003. 旅游体验的本质、类型与塑造原则. 旅游科学(4), 7-10, 41.

Allen, C. , & Bretman, H. (1981). *Chart book on Aging in America. White House Conference on Aging*. Washington DC: National Institute of Aging.

Argyle, M. , & Crossland, J. (1987). The dimensions of positive emotion. *The British Journal of Social Psychology*, 26(2), 127-137.

Arnould, E. J. , & Price, L. L. (1993). River magic: Extraordinary experience and the extended service encounter. *Journal of Consumer Research*, 20(1), 24-45.

Aziz, R. A. , & Yusooff, F. (2012). Intergenerational relationships and communication among the rural aged in Malaysia. *Asian Social Sciences*, 6(6), 184.

Backman, K. F. , Backman, S. J. , & Silverberg, K. E. (1999). An investigation into the Psychographics of senior naturebased travelers. *Tourism Recreation Research*, 24(1), 13-22.

Bagozzi, R. P. , & Yi, Y. (1988). On the evaluation of structural equation models. *Academic of Marketing Science*, 16(1), 76-94.

Bai, X. (2018). Development and validation of a multidimensional intergenerational relationship quality scale for aging Chinese parents. *The Gerontologist*, 58(6), 338-348.

Barki, H. , & Hartwick, J. (2004). Conceptualizing the construct of interpersonal conflict. *International Journal of Conflict Management*, 15(3), 216-246.

Bengtson, V. L. , & Schrader, S. S. (1982). *Parent-child Relations*. Minneapolis: University of Minnesota Press.

Bengtson, V. L., & Martin, P. (2001). Families and intergenerational relationships in aging societies: Comparting the united states with german-speaking Countries. *Zeitschrift fur Gerontologic und Geriatrie*, 34 (3), 207-217.

Bengtson, V. L., & Roberts, R. E. (1991). Intergenerational solidarity in aging families: An example of formal theory construction. *Journal of Marriage and the Family*, 53(4), 856-870.

Bengtson, V. L., Giarrusso, R., Mabry, J. B., et al. (2002). Solidarity, conflict, and ambivalence: Complementary or competing perspectives on intergenerational relationships? *Journal of Marriage and Family*, 64(3), 568-576.

Bennett, D. G. (1993). Retirement migration and economic development in high-amenity nonmetropolitan areas. *Journal of Applied Gerontology*, 12(4), 466-481.

Berdychevsky, L., Gibson, H. J., & Bell, H, L. (2013). Girlfriend getaways and women's well-being. *Journal of Leisure Research*, 45(5), 602-623.

Blazey, M. (1987). The difference between participants and non-participants in a senior traver program. *Journal of Travel Research*, 26(1), 7-12.

Boksberger, P. E., & Laesser, C. (2009). Segmentation of the senior travel market by the means of travel motivations. *Journal of Vacation Marketing*, 15(4), 311-322.

Bradburn, N. M., & Noll, C. E. (1969). *The Structure of Psychological Wellbeing*. Chicago: Aldine Publishing Company.

Carstensen, L. L. (1995). Evidence for a life-span theory of socioemotional selectivity. *Current Directions in Psychological Science*, 27 (2), 154-158.

Chan, Y. L. (2017, May 15). Filial piety requires emotional care, not just financial support. *South China Morning Post*.

Chang, H. C. (1997). Language and words: Communication and the Analects of Confucius. *Journal of Language and Social Psychology*, 16 (101-131).

Chen, C. , & Petrick, J. F. (2013). Health and wellness benefits of travel experiences: A literature review. *Journal of Travel Research*, 52 (6), 709-719.

Chen, C. F. , & Chen, F. S. (2010). Experience quality, perceived value, satisfaction and behavioral intentions for heritage tourists. *Tourism Management*, 31(1), 29-35.

Chen, J. (2010). China's pension mode: Traditional culture, family boundaries and intergenerational relation. *Xi'an Jiaotong University Social Sciences*, 30(6), 44-50.

Chen, S. C. , & Shoemakes, S. (2014). Age and cohort effects: The American senior tourism market. *Annals of Tourism Research*, 48(9),58-75.

Chen, C. F. , & Tsai, D. C. (2007). How destination image and evaluative factors affect behavioral intentions? *Tourism Management*, 28 (4), 1115-1122.

Chow, N. W. S. (2006). The practice of filial piety and its impact on long-term care policies for elderly people in Asian Chinese communities. *Asian Journal of Gerontology & Geriatrics*, 1(1),31-35.

Churchill, G. A. (1979). A paradigm for developing better measures of marketing constructs. *Journal of Marketing Research*, 16(1), 64-73.

Cicirelli, V. (1995). A measure of caregiving daughters' attachment to elderly mothers. *Journal of Family Psychology*, 9, 89-94.

Clack, E. , Preston, M. , Raksin, J. et al. (1999). Types of conflict and tensions between older parents and adult children. *The Gerontologist*, 39, 262-270.

Clack-Carter, D. (1997). *Doing Quantitative Psychological Research: From Design to Report*. Hove: Psychology Press Ltd.

Cohen, E. (1988). Authenticity and commoditization in tourism. *Annals of Tourism Research*, 15, 371-386.

Compton, W. C., Smith, M. L., Cornish, K. A, et al. (1996). Factor structure of mental health measures. *Personality and Socail Psychology*, 71(4), 6-13.

Crawford, D. W., & Goodbey, G. (1987). Reconceptualizing barriers to family leisure. *Leisure Sciences*, 9, 119-127.

Creswell, J. W. (2014). *Research Design: Qualitative, Quantitative, and Mixed Methods Approaches*. London: Sage Publications Ltd.

Croll, E. J. (2006). The intergenerational contract in the changing Asian family. *Oxford Development Studies*, 34(4), 473-491.

Curtion, S. (2010). Managing the wildlife tourism experience: The importance of tour leaders. *International Journal of Tourism Research*, 12(3), 219-236.

Dann, G. (1977). Anomie, ego-enhancement and tourism. *Annals of Tourism Research*, 4(4), 184-194.

Dann, G. M. S. (2012). *Tourist Motivation and Quality-of-life: In Search of the Missing Link*. Dordrecht: Springer.

Diamantopoulos, A., & Siguaw, J. A. (2000). *Introducing Lisrel: A Guide for the Uninitiated*. Thousand Oaks: Sage Publications Ltd.

Diener, E. (1984). Subjective well-being. *Psychological Bulletin*, 95(3), 542-572.

Diener, E. (2000). Subjective well-being: The science of happiness and a proposal for a national index. *The American Psychologist*, 55(1), 34.

Diener, E., Suh, E. M., & Lucas, R. E. (1999). Subjective well-being: Three decades of progress. *Psychological Bulletin*, 125(2), 276-302.

Do, Y. K., & Malhotra, C. (2012). The effect of coresidence with an adult child on depressive symptoms among older widowed women in South

Korea: An instrumental variables estimation. *The Journals of Gerontology Series B*, 67(3), 384-391.

Engel, J. F. (1993). *Consumer Behavior*. Chicago: Dryden Press.

Faranda, W. T., & Schmidt, S. L. (1999). Segmentation and senior traveler: Implications for today's and tomorrow's aging consumer. *Journal of Travel and Tourism Marketing*, 8(2), 3-27.

Filep, S. (2012). Moving beyond subjective well-being: A tourism critique. *Journal of Hospitality & Tourism Research*, 38(2), 266-274.

Fleischer, A., & Pizam, A. (2002). Tourism constraints among Isreli seniors. *Annals of Tourism Research*, 29(1), 106-123.

Fornell, C., & Larcker, D. F. (1981). Evaluating strucural equation models with unobservable variables and meausrement error. *Journal of Markeitng Research*, 18(1), 39-50.

Fu, Y. Y., Xu, Y. B., & Chui, E. W. T. (2018). Development and validation of a filial piety scale for Chinese elders in contemporary China. *The International Journal of Aging and Human Development*, 10, 1-25.

Garce, A. R., & Vaske, J. J. (1987). A framework for managing quality in the tourist experience. *Annals of Tourism Research*, 14(3), 390-404.

Gardiner, S., Garce, D., & King, C. (2015). Is the Australian domestic holiday a thing of the past? Understanding baby boomer, generation X and Y perceptions and attitude to domestic and international holiday. *Journal of Vacation Marketing*, 21(4), 336-350.

Gardiner, S., King, C., & Grace, D. (2013). Travel decision making: An empirical examination of generational values, attitudes, and intentions. *Journal of Travel Research*, 52(3), 310-324.

Gibert, D. C., & Cooper, C. P. (1991). An examination of the consumer behaviour process related to tourism. *Progress in Tourism Recreation & Hospitatity Management*, 18(3), 43-51.

Gibson, H., & Yiannakins, A. (2002). Tourist roles: Needs and the lifecourse. *Annals of Tourism Research*, 29(2), 358-383.

Glatzer, W., Camfield, L., & Moller, V. (2015). *Global Handbook of Quality of Life*. Berlin: Springer Netherlands.

Glbent, D., & Abdullah, J. (2003). Holiday taking and the sense of well-being. *Annals of Tourism Research*, 30(6), 103-121.

Goossens, C. (2000). Tourism information and pleasure motivation. *Annals of Tourism Research*, 27(2), 301-321.

Gorman, B. (1979). Seven days, five countries: The marking of a group. *Journal of Contemporary Ethnography*, 7(4), 469-491.

Grissemann, U. S., & Strokburger, N. E. (2012). Customer co-creation of traver services: The role of company support and customer satisfaction with the co-creation performance. *Tourism Management*, 33(6), 1483-1492.

Gustafson, P. (2002). Tourism and seasonal retirement migration. *Annals of Tourism Research*, 29(4), 899-918.

Haldrup, M., & Larsen, J. (2003). The family gaze. *Tourist Studies*, 3(1), 23-45.

Han, H. S., Hwang, J. S., & Kim, Y. H. (2015). Senior travers and airport shopping: Deepening repurchase decision-making theory. *Asia Pacific Journal of Tourism Research*, 20(7), 761-788.

Hawkins, D., Best, R. J., & Coney, K. A. (2014). *Consumer Behavior: Building Marketing Strategy*. United Staters: McGraw-Hill Companies.

Hayes, A. F. (2013). Introduction to mediation, moderation, and conditional process analysis: A regression-based approach. *Journal of Educational Measurement*, 51(3), 335-337.

Hills, P., & Argyle, M. (1998). Musical and religious experiences and their relationship to happiness. *Personality and Individual Difference*, 25(1), 91-102.

Ho, A. H. Y. , Leung, P. P. Y. , & Tse, D. M. W. (2013). Dignity amidst liminality: Suffering within healing among Chinese terminal cancer patients. *Death Studies*, 37, 953-970.

Horneman, L. , Carter, R. , & Wei, S. (2002). Profiling the senior traveler: An Australian perspective. *Journal of Travel Research*, 41, 23-37.

Hsu, C. H. C. , Cai, L. A. , & Wong, K. K. F. (2007). A model of senior tourism motivations-anecdotes from Beijing and Shanghai. *Tourism Management*, 28(5), 1262-1273.

Huang, J. , & Hsu, C. H. C. (2009). The impact of customer-to-customer interaction on cruise experience and vacation satisfaction. *Journal of Travel Research*, 41(1), 79-92.

Huang, L. , & Tsai, H. T. (2003). The study of senior traveler behavior in Taiwan. *Tourism Management*, 24(5), 561-574.

Huang, Y. , Scott, N. , & Ding, P. (2012). Impression of Liusanjie: Effect of mood on experience and satisfaction. *International Journal of Tourism Research*, 14(1), 91-102.

Huber, D. , Milne, S. , & Hyde, K. F. (2017). Biographical research methods and their use in the study of senior tourism. *International Journal of Tourism Research*, 19(1), 27-37.

Hung, K. , Bai, X. , & Lu, J. Y. (2016). Understanding travel constrainsts among the eldly in Hong Kong: A comparative study of the eldly living in private and in public housing. *Journal of Travel and Tourism Marketing*, 33(7), 1-20.

Hung, K. , Wang, S. , Guillet, B. D, et al (2019). An overview of cruise tourism research through comparison of cruise studies published in English and Chinese. *International Journal of Hospitality Management*, 77, 207-216.

Ikels, K. (2004). *Filial Piety: Practice and Discourse in*

Contemporary East Asia. Stanford: Stanford University Press.

Janet, D. , & Neal, J. D. (2004). Measuring the effect of tourism services on travelers' quality of life: Further validation. *Social Indicators Research*, 69, 243-277.

Jang, S. C. , & Wu, C. M. (2006). Seniors travel motivation and the influential factors: An examination of Taiwanese senior. *Tourism Management*, 27(2), 306-316.

Javalgi, R. G. , Thomas, E. G. , & Rao, S. G. (1992). US pleasure travelers' perceptions of selected European destinations. *European Journal of Marketing*, 26(7), 45-64.

Jiang, S. , Li, C. K. , & Fang, X. (2018). Socioeconomic status and children's mental health: Understanding the mediating effect of social relations in Mainland China. *Journal of Community Psychology*, 46(2), 213-223.

Jin, N. , Lee, S. , & Lee, N. (2015). Effect of experience quality on perceived value, satisfaction, image and behavioral intention of water park patrons: New versus repeat visitors. *International Journal of Tourism Research*, 17(1), 82-95.

Kang, S. K. , & Hsu, C. H. (2004). Spousal conflict level and resolution in family vacation destination selection. *Journal of Hospitality & Tourism Research*, 28(4), 408-424.

Kazeminia, A. , Chiappa, G. D. , & Jafari, J. (2015). Seniors' travel constraints and their coping strategies. *Journal of Travel Research*, 54(1), 80-93.

Keyes, C. L. M. (1998). Social well-being. Social psychology quarterly. *Journal of Personality & Social Psychology*, 61, 121-140.

Keyes, C. L. M. , Shmotkin, D. , & Ryff, C, D. (2002). Optimizing well-being: The empirical encounter of two traditions. *Journal of Personality & Social Psychology*, 82(6), 1007-1022.

Kim, H. , Wooe, E. , & Uysal, M. (2015). Tourism experience and quality of life among elderly tourists. *Tourism Management*, 46, 465-476.

Kim, H. C. , Chua, B. L. , & Lee, S. (2016). Understanding airline travelers' perceptions of well-being: The role of cognition, emotion, and sensory experiences in airline lounges. *Journal of Travel and Tourism Marketing*, 34(7), 1213-1234.

Kim, J. , & Tussyadiah, I. P. (2013). Social networking and social support in tourism experience: The moderating role of online self-presentation strategies. *Journal of Travel and Tourism Marketing*, 30(1), 78-92.

Kim, J. , Wei, S. , & Ruys, H. (2003). Segmenting the market of West Australian senior tourists using an artificial neural net work. *Tourism Management*, 24(3), 25-34.

Kim, J. H. (2014). The antecedents of memorable tourism experiences: The development of a scale to measure the destination attributes associated with memorable experiences. *Tourism Management*, 44, 34-45.

Kim, J. H. , Ritchie, J. B. , & McCormick, B. (2010). Development of a scale to mesure memorable tourism experiences. *Journal of Travel Research*, 1-14.

Kim, S. (2012). Audience involvement and film tourism experiences: Emotional places, emotional experiences. *Tourism Management*, 33(2), 387-396.

Kline, R. B. (2005). *Principles and Practice of Structural Equation Modeling* (2nd ed.). New York: The Guilford Press.

Lam, R. C. (2006). Contradictions between traditional Chinese values and the actual performance: A study of the caregiving roles of the modern sandwich generation in Hong Kong. *Journal of Comparative Family Studies*, 37, 299-312.

Lee, W. K. M. , & Kwok, H. K. (2005). Differences in expectations and patterns of informal support for older persons in Hong Kong: Modification to filial piety. *Ageing International*, 30, 188-206.

Lehto, X. Y. , Fu, X. , & Li, H. (2017). Vacation benefits and activities: Understanding chinese family travelers. *Journal of Hospitality & Tourism Research*, 41(3), 301-328.

Lehto, X. Y. , Jang, S. C. , & Achana, F. T. (2008). Exploring tourism experience sought: A cohort comparison of baby boomers and silent generation. *Journal of Vacation Marketing*, 14(3), 237-252.

Lehto, X. Y. , Soojin, C. , & Lin, Y. C. (2009). Vaction and family functioning. *Annals of Tourism Research*, 36(3), 459-479.

Levinson, D. J. (1978). *The Seasons of A Man's Life*. New York: Ballantine Books.

Lewis, R. C. , & Booms, B. H (1983). The marketing aspects of service quality . *Emerging Perspectives on Services Marketing*, 65 (4), 99-107.

Littrell, M. A. , Paige, R. C. , & Kun, S. (2004). Senior travelers: Tourism activities and shopping behaviors. *Journal of Vacation Marketing*, 10(4), 348-362.

Liu, W. T. , & Kendig, H. (2000). *Who Should Care for the Elderly? An East-west Value Divide*. Singapore: Singapore University Press and World Scientific Singapore.

Longino, C. F. , & Crown, W. H. (1990). Retirement migration and interstate income transfers. *The Gerontologist*, 30(6), 784-789.

Lowenstein, A. (2007). Solidarity-conflict and ambivalence: Testing two conceptual frameworks and their impact on quality of life for older family members. *The Journals of Gerontology Series B: Psychological Sciences and Social Sciences*, 62(2), 100-107.

Lu, C. C. (2015). The causal relationships among recreational involvement, flow experience, and well-being for surfing activities. *Asia Pacific Journal of Tourism Research*, 20(1), 1486-1504.

Lum, T. Y. S. , Yan, E. C. W. , & Ho, A. H. Y. (2016). Measuring filial piety in the 21st Century: Development, factor structure, and reliability of the 10-item contemporary filial piety scale. *Journal of Applied Gerontology*, 35(11), 1235-1247.

MacCannell, D. (1973). Staged authenticity: Arrangements of social space in tourist settings. *American Journal of Sociology*, 79(3), 589-603.

MacCannell, D. (1976). *The Tourist: A New Theory of the Leisure Class*. New York: Schocken Books.

Mangen, D. , Bengtson, V. L. , & Landry, P. H. (1988). *The Measurement of Intergenerational Relations*. Beverly Hills: Sage.

Mathieson, A. , & Wall, G. (1982). *Mathieson A ,Wall G. Tourism: Economic ,Physical and Social Impacts*. Harlow: Longman.

Mccabe, S. , & Johnson, S. (2013). The happiness factor in tourism: Subjective well-being and social tourism. *Annals of Tourism Research*, 41 (1), 42-65.

McCabe, S. , Joldersma, T. , & Li, C. X. (2010). Understanding the benefits of social tourism: Linking participation to subjective well-being and quality of life. *International Journal of Tourism Research*, 12 (6), 761-773.

McGuire, F. A. , Uysal, M. , & McDonald, C. (1988). Attracting the older traveler. *Tourism Management*, 9(2), 161-164.

Middleton, V. T. C, & Clark, J. R. (2001). *Marketing in Travel and Tourism*(3rd ed.). London: Butterworth-Heinemann.

Middleton, V. T. C. (1988). *Marketing Travel and Tourism*. London: Heineman.

Milman, A. (1998). The impact of tourism and travel experience on senior travelers' psychological well-being. *Journal of Travel Research*, 37

(12), 166-170.

Mitas, O. , Yarnal, C. , & Chick, G (2012). Jokes build community: Mature tourists'positive emotions. *Annals of Tourism Research*, 39(4), 1884-1905.

Mitchell, M. , & Mitchell, S. J. (2001). Consumer experience tourism in the nonprofit and public sectors. *Journal of Nonprofit and Public Sector Marketing*, 9(3), 21-34.

Moore, K. , Smallman, C. , Wilson, J. , & Simmons, D. (2016). Dynamic in-destination decision-making: An adjustment model. *Tourism Management*, 33(3), 635-645.

Morgan, N. , Pritchard, A. , & Sedgley, D. (2015). Social tourism and well-being in later. *Annals of Tourism Research*, 52, 1-15.

Moschis, G. P. , & Unal, B. (2008). Travel and Leisure preferences and patronage motives of older consumers. *Journal of Travel and Tourism Marketing*, 24(4), 259-269.

Moutinho, L. (1987). Generic products for retailers in a mature market. *Marketing Intelligence & Planning*, 5(4), 9-22.

Mroczek, D. K. , & Kolarz, C. M. (1998). The effect of age on positive and negative affect: A developmental perspective on happines. *Journal of Personality & Social Psychology*, 75(5), 1333-1349.

Muller, T. E. , & Cleaver, M. (2000). Targeting CANZUS baby boomer explorer and adventure. *Segments Journal of Vacation Marketing*, 6(2), 154-169.

Musa, G. , & Sim, O. F. (2010). Travel behaviour: A study of older Malaysian. *Current Issues in Tourism*, 13(2), 177-192.

Nawijn, J. , & Mitas, O. (2012). Resident attitudes to tourism and their effect on subjective well-being: The case of Palma de Mallorca. *Journal of Travel Research*, 51(5), 531-541.

Neal, J. D. , Sirgy, M. J. , & Uysal, M. (1999). The role of satisfaction with leisure travel tourism services and experience in satisfaction with leisure life and overall life. *Journal of Business Research*, 44(3), 153-163.

Nimrod, G. (2008). Retirement and tourism: Themes in retiree's narrative. *Annals of Tourism Research*, 30(3), 859-878.

Nimrod, G., & Rotem, A. (2010). Between relaxation and excitement: Activities and benefits gained in retirees' tourism. *International Journal of Tourism Research*, 12(1), 65-78.

Noy, C. (2004). This trip really changed me: Backpackers' narratives of self-change. *Annals of Tourism Research*, 31(1), 78-102.

Omer, F. S. (2009). Happiness revisited: Ontological well-being as a theory-based construct of subjective well-being. *Journal of Happiness Studies*, 10(5), 505-522.

Onwuegbuzie, A. J., & Leech, N. L. (2004). Enhancing the interpretation of "significant"findings: The role of mixed methods research. *Qualitative Report*, 9(4), 770-792.

Pine, B. J., & Gilmore, J. H. (1998). Welcome to the experience ecomomy. *Harvard Business Review*, 76(7), 97-105.

Pitzer, L., Fingerman, K. L., & Lefkowitz, E (2011). Development of the parent adult relationship questionnaire. *International Journal of Aging and Human Development*, 72, 111-135.

Polenick, C. A., Fredman, S. J., Birditt, K. S., et al. (2016). Relationship quality with parents: Implications for own and partner well-being in middle-aged couples. *Family Process*, 12, 1-16.

Puczkó, L., & Smith, M (2012). An analysis of tourism QOL domains from the demand side. *International Handbooks of Quality -of- Life*, 263-277.

Recee, S. (2004). Are senior leisure travelers different? *Journal of Travel Research*, 43(8), 11-20.

Romsa, G. , & Blenman, M. (1989). Visitor patterns of elderly Germans. *Annals of Tourism Research*, 16, 178-188.

Ryan, C. (1995). Learning about tourists from conversations: The over 55s in majorca. *Tourism Management*, 16(3), 207-215.

Ryan, C. (1997). *The Tourist Experience: A New Introduction*. London & Cassell: Wellington House.

Ryff, C. D. (1989). Happiness is everything, or is it? Explorations on the meaning of psychological well-being. *Journal of Personality and Social Psychology*, 57(6), 1069-1081.

Ryff, C. D. , & Keyes, C. (1995). The structure of psychological well-being revisited. *Journal of Personality & Social Psychology*, 69(4), 719-727.

Santarelli, E. , & Cottone, F. (2009). Leaving home, family support and intergenerationl ties in Italy: Some regional differences. *Demograph*, 21, 1.

Schiffman, L. G. , & Kanuk. (1991). *Consumer Behavior*. Upper Saddle River: Prentice Hall.

Schmitt, B. (1999). Experiential marketing. *Journal of Markeitng Management*, 15(1), 53-67.

Schmoll. (1977). *Tourism Promotion*. London: Tourism International Press.

Sedgley, D. , Pritchard, A. , & Morgan, N. (2011). Tourism and aging: A transformative research agenda. *Annals of Tourism Research*, 38(2), 422-436.

Sie, L. , Patterson, I. , & Pegg, S. (2016). Towards an understanding of a three-phase integrated framework. *Current Issues in tourism*, 19(2), 100-136.

Sirgy, M. J. , Kruger, P. S. , & Lee, D. J. (2011). How does a travel trip affect tourists' life satisfaction? *Journal of Travel Research*, 49(3), 261-275.

Sirgy, M. J., Uysal, M., & Kruger, S. (2017). Towards a benefits theory of leisure well-being. *Applied Research Quality Life*, 12 (1), 205-228.

Song, H. J., Youngjoo, A., & Choongki, L. (2013). Structural relationships among strategic experiential modules, emotion and satisfaction at the Expo 2012 Yeosu Korea. *International Journal of Tourism Research*, 17(3), 239-248.

Strauss-Blasche, G., Ekmekcioglu, C., & Marktl, W. (2000). Does vacation enable recuperation? Changes in well-being associated with time away from work. *Cupational Medicine*, 3, 167-172.

Su, L., Swanson, R. S., & Chen, X. (2016). The effects of perceived service quality on repurchase intentions and subjective well-being: The mediating role of relationship. *Tourism Management*, 52, 82-95.

Sun, H. L., & Tideswell, C. (2005). Understanding attitudes towards leisure travel and the constraints faced by senior Koreans. *Journal of Vacation Marketing*, 3, 249-263.

Sung, T. K. (1990). A new look at filial piety: Ideas and practices of family-centered parent care in Korea. *Gerontologist*, 30, 610-617.

Thomas, D. W., & Butter, F. B. (1998). Assessing leisure motivators and satisfaction of international elder hostel participants. *Journal of Travel and Tourism Marketing*, 7(1), 31-38.

Thompson, B. (2000). *Ten Commandments of Structural Equation Modeling*. Washington D. C.: American Psychological Association.

Tiago, M., Couto, J., & Tiago, F. (2016). Baby boomers turning grey: European Profile. *Tourism Management*, 54, 13-22.

Ting, K. F. (2009). *The Meaning and Practice of Filial Piety in Hong Kong*. Hong Kong: A Report to Central Policy Unit, the Government of Hong Kong Special Administrative Region.

Tung, V. W. S., & Brent, J. R. (2011). Exploring the essence of memorable tourism experiences. *Annals of Tourism Research*, 38(4), 1367-1386.

Tussyadiah, I. P., & Fesenmaier, D. R. (2009). Mediating tourist experiences: Access to places via shared videos. *Annals of Tourism Research*, 36(1), 24-40.

Ulvoas, G. M., & Taylor, V. A. (2014). The spiritual benefits of travel for senior tourists. *Journal of Consumer Behaviour*, 13 (16), 453-462.

Vespestad, M. K., & Lindberg, F. (2011). Understanding nature-based tourist experiences: An ontological analysis. *Current Issues in Tourism*, 14(6), 563-580.

Walker, A. J., & Thompson, L. (1983). Intimacy and intergenerational aid and contact among mothers and daughters. *Journal of Marriage and the Family*, 45, 841-849.

Wang, D., Park, S., & Fesenmaier, D. R. (2012). Mediating tourist experiences: Access to places via shared videos. *Journal of Travel Research*, 51(4), 371-387.

Wang, W., Chen, J. S., & Fan, L. (2012). Tourist experience and Wetland parks: A case of Zhejiang, China. *Annals of Tourism Research*, 39 (4), 1763-1778.

Warnes, A. M., & Williams, A. (2006). Older migrants in Europe: A new focus for migration studies. *Journal of Ethnic and Migration Studies*, 32(8), 1257-1281.

Waterman, A. S. (1993). Two conceptions of happiness: Contrasts of personal expressiveness (e) udaimonia and hedonic enjoyment. *Journal of Personality & Social Psychology*, 64(4), 678-691.

Watne, T. A., Brennan, L., & Winchester, T. M. (2014). Consumer socialization agency: Implications for family decision-making about holidays. *Journal of Travel and Tourism Marketing*, 31(6), 681-696.

Wearing, B., & Wearing, S. (1996). Refocussing the tourist experience: The flaneur and the chorister. *Leisure Studies*, 15, 229-243.

Wei, S., & Milman, A. (2002). The impact of participation in activities while on vacation on seniors' psychological well-being: A path model application. *Journal of Hospitality & Tourism Research*, 26(2), 175-185.

Wejbrandt, A. (2014). Defining aging in cyborgs: A bio-techno-social definition of aging. *Journal of Aging Studies*, 31(2), 104-109.

Wilson, E., & Harris, C. (2006). Meaningful travel: Women, independent travel and the search for self and meaning. *Tourism*, 54, 161-180.

Wilson, W. (1967). Correlaties of avowed happiness. *Psychological Bulletin*, 4, 294-306.

Woodside, A. G. (2002). A general theory of tourism consumptionsystems: A conceptual framework and an empirical exploration. *Journal of Travel Research*, 41(2), 120-132.

Woodside, A. M., Joseph, S., & Malthy, J. (2009). Gratitude predicts psychological well-being above the big five facets. *Personality and Individual Difference*, 46(4), 443-447.

Yeh, K. H., & Bedford, O. (2003). A test of the dual filial piety model. *Asian Journal of Social Psychology*, 6, 215-228.

You, X., & OLeary, J. T. (1999). Destination behavior of older UK travelers. *Tourism Recreation Research*, 24(1), 23-24.

Zalatan, A. (2004). Tourist typology: An exante approsch. *Tourism Management*, 10(3), 329-343.

Zhang, H. J., Liu, G., & Guan, X. (2006). Willingness and availability: Explaining new attitudes toward institutional elder care among Chinese elderly parents and their adult children. *Journal of Aging Studies*, 20, 279-290.

附　录

附录一　老年人旅游体验、旅游代际互动与幸福感访谈大纲

一、访谈对象背景信息及此次旅游的基本概况

编号		姓名	
性别		年龄	
受教育程度		退休前职业	
子女概况		出游时间	
出游成员构成		出游方式	
停留时间(是否过夜)		旅游目的地	

二、访谈主要问题

1.您或您和家人这次出游的主要动机(目的)是什么？

2.您对这次旅行有什么样的体验？整体感觉如何？

3.通过这次旅行您有哪些方面的收获、感受到哪些价值？您认为此次旅游对您或您家人有什么样的意义？

4.您和您的家人(包括同行和未同行)在这次旅行中(包括旅游前、中、

后)有什么样的互动？这些互动的原因或目的是什么？有哪些互动行为让您感觉印象深刻,比如特别高兴、满意或特别生气、不满意的事件,请举例。

5.您认为旅行中的这些互动行为,对您的旅行有什么样的影响？对您而言有什么样的价值和意义？

附录二　老年人旅游体验、旅游代际互动与幸福感调查问卷

尊敬的女士/先生：

您好！非常感谢您填写这份问卷。本问卷针对您或您跟家人一起外出旅游的经历，了解您的旅游体验、与子女的互动行为以及幸福感情况。您的据实填写对我们是最大的支持，您的宝贵意见对我们的研究有重大的帮助。我们郑重声明：本次调查采用匿名方式，调查结果仅用于学术研究。再次感谢您对本次调查的理解和支持！

请您回忆最近一次外出旅游的经历，<u>这次旅游经历需是您在近一年内出游的</u>，同时您的<u>年龄在 60 岁以上（含 60 岁）</u>。如果满足以上两点，请回答以下问题。

第一部分：您个人及最近一次出游的基本情况。（请在对应"□"中打"√"）

1.您的性别	□男 □女	7.您最近一次出游的时间	□近 12 个月内 □近 6 个月内 □近 3 个月内 □近 1 个月内
2.您的年龄	□60—65 岁　□66—70 岁 □71—75 岁　□76—80 岁 □81 岁及以上	8.您最近一次出游的家庭成员构成	□单人出行 □夫妻二人出行 □与成年子女共同出行 □仅与孙辈出行 □三代共同出行
3.您的受教育程度	□小学　　　□初中 □中专或高中　□大专或本科 □硕士及以上	9.您最近一次出游的方式	□国内自助游 □国内团队游 □境外自助游 □境外团队游

续　表

4.您退休前的职业	□政府机关及事业单位职工 □公司人员　　□个体经营者 □工人　　　　□农民 □自由职业者　□其他	10.您最近一次出游的停留时间	□当天往返　　□2—3 天 □4—7 天　　□8—15 天 □15 天以上
5.您的主要经济来源	□退休金　　　□储蓄 □子女　　　　□其他	11.您最近一次出游的主要动机	□观赏风景　　□休闲度假 □健康医疗　　□探亲访友 □文化教育　　□其他
6.您的成年子女数量	□无子女(如选此项,则不必回答第13题、第15—20题) □1 个　　　　　□2 个及以上		

第二部分:旅游体验情况。请根据您最近这一次旅游经历,使用提供的评估级别,对以下陈述进行适当评分。(请在相应的数字上打"√")

12.您对最近这一次旅游体验的感知情况:

序号	题　项	非常同意	比较同意	一般	比较不同意	非常不同意
		5	4	3	2	1
1	该旅游目的地的旅游景观风光独特和美丽	5	4	3	2	1
2	该旅游目的地的旅游设施齐全和先进	5	4	3	2	1
3	该旅游目的地的交通便利	5	4	3	2	1
4	该旅游目的地的文明程度高	5	4	3	2	1
5	旅游让人放松	5	4	3	2	1
6	旅游让人舒适	5	4	3	2	1
7	旅游让人心情愉悦	5	4	3	2	1
8	旅游让人享受	5	4	3	2	1
9	旅游让人感到新鲜	5	4	3	2	1
10	旅游让人兴奋	5	4	3	2	1
11	旅游服务让我感到亲切和温暖	5	4	3	2	1
12	旅游服务让我感受到尊重	5	4	3	2	1

序号	题项	非常同意	比较同意	一般	比较不同意	非常不同意
		5	4	3	2	1
13	旅游让我感受到天伦之乐	5	4	3	2	1
14	旅游让我感受到子女的孝心	5	4	3	2	1
15	旅游拉近了我和家人间的关系	5	4	3	2	1
16	参加这次旅游是一个正确的决策	5	4	3	2	1
17	旅游让人开阔了眼界	5	4	3	2	1
18	旅游使自己打开了思想格局	5	4	3	2	1
19	旅游使自己改变了原来的想法	5	4	3	2	1
20	旅游使自己引发了思考	5	4	3	2	1
21	旅游让我感到国家建设得很好	5	4	3	2	1
22	旅游让我体验到了社会发展的成果	5	4	3	2	1
23	旅游让我觉得自己很有社会价值	5	4	3	2	1
24	旅游让我觉得自己应该多到外面转转	5	4	3	2	1

第三部分:旅游代际互动情况。请根据您最近这一次旅游经历,使用提供的评估级别,对以下陈述进行适当评分。(请在相应的数字上打"√")

13.您在最近这一次旅游中和子女的互动情况:

序号	题项	经常发生	较多发生	一般	较少发生	几乎不发生
		5	4	3	2	1
1	子女关照自己在旅游中的安全和健康	5	4	3	2	1
2	旅游中自己会向子女传授知识或教育子女	5	4	3	2	1
3	旅游后会向子女分享旅游经历或经验	5	4	3	2	1
4	旅游后会给子女带礼物	5	4	3	2	1
5	旅游中有趣开心的事情与子女共同分享交流	5	4	3	2	1

续　表

序号	题项	经常发生	较多发生	一般	较少发生	几乎不发生
		5	4	3	2	1
6	旅游中与子女互相关照、互相帮助或互相迁就	5	4	3	2	1
7	旅游中与子女待在一起或共同参与活动项目	5	4	3	2	1
8	旅游中与子女留下共同回忆,如拍照合影	5	4	3	2	1
9	旅游后与子女共同评价旅游经历	5	4	3	2	1
10	与子女在旅游感受上存在明显差异	5	4	3	2	1
11	与子女发生意见分歧,如对旅游的不同看法和评价	5	4	3	2	1
12	与子女发生言语冲突,如因旅游事件或行为发生争吵	5	4	3	2	1
13	与子女发生不一致或对抗行为,如隐瞒子女	5	4	3	2	1

第四部分:旅游幸福感情况。请根据您最近这一次旅游经历,使用提供的评估级别,对以下陈述进行适当评分。(请在相应的数字上打"√")

14.通过最近这一次旅游,您是否获得以下收获或价值:

序号	题项	非常同意	比较同意	一般	比较不同意	非常不同意
		5	4	3	2	1
1	我对现在的生活感到满意	5	4	3	2	1
2	我感觉心情愉悦,精神状态不错	5	4	3	2	1
3	我感觉自己有了进步和提高	5	4	3	2	1
4	我觉得我具有许多优良的品质	5	4	3	2	1
5	我可以自由地决定我的生活安排	5	4	3	2	1
6	我得到了家人的认同和尊重	5	4	3	2	1
7	我与家人的联系和交流更为频繁	5	4	3	2	1
8	我现在的家庭关系更为和睦、融洽	5	4	3	2	1

序号	题 项	非常 同意	比较 同意	一般	比较 不同意	非常 不同意
		5	4	3	2	1
9	我对社会的发展感到很有信心	5	4	3	2	1
10	我对旅游行业的发展充满期待	5	4	3	2	1
11	我在今后的生活中充满活力与激情	5	4	3	2	1
12	我对以后的旅游更加期待和向往	5	4	3	2	1
13	我觉得我是一个对社会有价值的人	5	4	3	2	1

第五部分:孝道情况。请根据您的实际情况,使用提供的评估级别,对以下陈述进行适当评分。(请在相应的数字上打"√")

15.在日常生活中,您的子女是否对您有以下行为:

序号	题 项	非常 同意	比较 同意	一般	比较 不同意	非常 不同意
		5	4	3	2	1
1	孩子经常询问我的安康	5	4	3	2	1
2	孩子会感谢我对他/她的养育	5	4	3	2	1
3	当我生病时,孩子会让我参加适当的治疗项目	5	4	3	2	1
4	当我与孩子不同住时,他/她会经常来看望我	5	4	3	2	1
5	孩子与我交谈时有礼貌	5	4	3	2	1
6	当我不能自理时,孩子亲自或安排他人对我进行照护	5	4	3	2	1
7	孩子用延续家世来践行孝道	5	4	3	2	1
8	孩子遵从我对其在职业选择方面的期望	5	4	3	2	1
9	孩子认同"养儿防老"的观点	5	4	3	2	1
10	孩子尽最大的努力尊重我	5	4	3	2	1
11	孩子尽最大的努力来完成我未实现的目标	5	4	3	2	1
12	孩子尽最大的努力来满足我对他/她的期望	5	4	3	2	1

16. 您子女的经济能力：□有经济能力　　□无经济能力

17. 您是否与子女同住：□同住　　　　　　□不同住

18. 您子女对您每月的经济支持：

□无　□1000 元以下　□1001—3000 元　□3001—5000 元

□5000 元以上

19. 您子女与您每周的联系频率：□无　□1—2 次　□3—4 次　□4 次以上

20. 您子女与您的情感亲密度：□无情感交流　　□偶尔情感交流　　□经常情感交流

问卷结束,感谢您的参与! 祝您生活愉快!